Hanako BOOKS

マガジンハウス

弘中綾香の純度100%

inside of Ayaka Hironaka

はじめに

文章を書きたい、と思ったのは、今思うと必然だったように感じられる。

だいたい2年くらい前、２０１８年の終わり頃。アナウンサーなのに、アナウンサーのくせに、などの言葉に一番過敏になっていた時期だ。今はどうにかいなし方を覚えつつある私だけれど、その時はまだ画面の中の自分と、二十数年間一緒に生きてきた自分を同一視してしまうところがあった。それゆえ、有名税という免罪符で向けられる全ての矢が心に命中してしまっていた。パブリックな自分を切り離して考えればいいものなのに、防御力を強める前にこの世界に来てしまったものだから、とにかく脆弱《ぜいじゃく》だった。本当の私はこんなんじゃないのに。何でこんな風に言われちゃうんだろう。好き勝手に言われっぱなしの状態に、ストレスでふさぎ込んでいた。けれども、自分には発信する手立てもツールもない。ＳＮＳで全てを語れるわけではない。その時に思いついたのが、文章での自己表現だった。飛びぬけて得意なことも、ずっと続けていることもない。けれど本を読むことだけは習慣づいていた。その影響か、昔から作文を書いたり何かをまとめたりするのは好きだった。働き出してからも、誰に見せるでもなく書きたいことをＷｏｒｄに打ち込んだりもしていた。そんなこともあって、この状況で生きていくために何か出来ることは?と考えた際には真っ先に書くことが浮かんだ。書くことで、自分を表現できれば、と。なんてことない日常の一コマでいい。主義主張を論じたいわけではない。ただ、私はこういう人となりなんだ、というのを自分の言葉で伝えたかった。

思いついてからの行動は早かった。私は知人のツテを頼ってＨａｎａｋｏ編集部の編集者の方を紹介してもらえる運びになった。実際にお会いし、今まで自分がほそぼそと書いてきた原稿を見せた。このあとに出てくる連載第1回「所信表明」はその時のために書いたものだ。自分がなぜ文章を書きたいのか、なぜそれを見てほしいのか、分かってもらうためだ。今読むと恥ずかしくなるくらい当時の気持ちが切々と表れている。その思いが伝わったのか、２０１９年の年度始まりからウェブメディア『Hanako.tokyo』で隔週の連載を持たせてもらえることになった。

そこからはものすごくあっという間。仕事の合間にコツコツと書き進めること2年あまり、それほど目立ったスランプも経験することなく続けることが出来た。回を重ねていくにつれて一冊にまとめたいという欲がむくむくと湧き起こり、多くの皆さんに協力していただき、こうして本という形で世に送り出すことが出来た。本当にうれしく、感謝している。

私の雑文は他愛のない内容ばかりだが、対談だけは何度も読みたくなるような内容になったと自負している。林真理子先生、テレビ朝日の加地倫三さん、オードリーの若林正恭さん、このお三方とのお話はとにかく読み応えたっぷり、学びが多いものに仕上がっています。どこから読んでいただいても構いません。皆さんにとって少しでも読んでよかった、と思ってもらえる本になっていますように。心から願います。

CONTENTS

はじめに 002

弘中綾香の「いま」

Hanako.tokyo連載完全収録
（2019年5月17日～2020年2月28日）

所信表明 006
インスタ、始めました 008
初体験 010
アイドルちゃんに生かされる 012
ありがとう、お給料 014
迷えるオトナたちの秘密基地 016
トド 018
期待は身勝手 020
わが子を思う母のように 022
傍流で生きる 024
大人になってからの恋愛は 026
フラれてもしょげるな！ 028
未知との遭遇、のすゝめ 030
私の夏休み2019 032
祝福に自由を！ 034
この冬、インドアになる理由 036
2020年の私は… 038
かわいいの向こう側 040
ベンゾーさんと私 042
好きな人に好きって伝える素敵な日 044
弘中の作り置き 046
COLUMN 弘中をつくる8つのコト。 048
アナウンサー以外の弘中綾香29歳。 049
女医／塾講師／セレブママ／銀座のママ

COLUMN Hanako's Memory [PART #1] — 069
Hanako.tokyo連載完全収録
(2020年3月13日~2020年12月25日)
インドに行ってきた(その1~その9) — 070
わたしと運動 — 088
思わぬ意識改革 — 090
テレワークスタイル — 092
蛍光灯の誘惑 — 094
胸の中にあった仮説 — 096
7のひと — 098
改編期 — 100
ちょうどいい動画 — 102
2020年の救世主 — 104
2020年という問い — 106
スタートライン — 108
おまけ 連載、幻のタイトル集。 — 110
COLUMN Hanako's Memory [PART #2] — 112

弘中綾香の「これから」

この人に会って聞きたい…
弘中綾香30歳、
どう進めばいいでしょう? — 113
林 真理子/加地倫三/若林正恭
おわりに — 133
[巻末スペシャル] PHOTO ALBUM 2019-2020 — 136

所信表明

5.17
[2019]

急に文章が書きたくなった。

いや、書かなければ私の中の何かが壊れる、という衝動につき動かされている。

なぜなら、本当の私がこの世から無くなりそうだから。


入社してからそれなりに仕事をしてきて、私のことを認識してくれる人が増えた。テレビに出ている私を見て、それぞれの人がそれぞれの印象を持ち、いろいろなことを言う。しょうがない。そういった存在なのは充分承知。私もついこの間まではただの大学生で、芸能人はそれを引っくるめて表に出ているのだ、言われてなんぼだ、と思っていた。


しかし、一度こちら側に立ってみると、なんと息のしづらいこと。仕事のこと、プライベートのことをあれこれ詮索され、あること無いこと勝手に書かれる。脚色されたイメージが出来上がり、とんでもない速さで拡散する。

「ポッと出の勘違い女、調子に乗って」

「可愛くもなく技術も無いくせに」

火の無いところに煙は立たない、というから、そういった部分が私にあるのかもしれない。浮かれているのかもしれない。

でも、私はもう、一方的に決めつけられることに飽き飽きした。飽き飽きして、嫌気がさして生きづらくなった。生きづらくなった結果、自浄作用を探した。それが「書く」ということ。


誰からも歪曲されず、脚色されることのない、純度１００パーセント、そのままの私を受け取ってほしい。だから嘘なく書き連ねていくことにする。それを読んだ上で、私の人となりを一方向ではなく、色んな角度から見てほしい。そんな願いをこの連載に込めている。だから、これは、私に対する世間のイメージへの挑戦であり、抵抗であり、希望の光。

おどろおどろしい話になってしまったが、読む人には「弘中ちゃん、こんな人だったんだ」くらいに感じてもらえれば、うれしいです。てへ。

インスタ、始めました

インスタを始めた。担当しているレギュラー番組の放送時間帯が変更するタイミングに合わせて、PRを兼ねて開設してみるか、という話の流れ（と、みんなやってるからという軽い気持ち）で至ったのだが、本当に始めてよかったと思っている。

おかしな話だが、入社して7年目にして初めて、私を応援してくださる方がいるんだ！　ということを実感できた。思えば私は、仕事を始めてからこれまで「ファンです」といった肯定的な言葉を視聴者の方から直接言われたことがなかった。街で声をかけられることもほとんどないし、ロケ番組も担当したことがないので、仕事でも視聴者の方と直接触れ合う機会がない。

目に入ってくる評判はネットニュースだったり、ゴシップ記事だったり、ほとんどがいいものじゃない。インスタを始めるときも、何を言われるかわからない怖さはものすごくあった。

けれども、インスタを始めてみると、フォローしてくれる方が予想以上にいて、まず驚いた。それだけでもうれしいことなのに、「応援しています」などありがたいコメントを書いてくれる人まで沢山いて、本当にびっくりした。半信半疑で

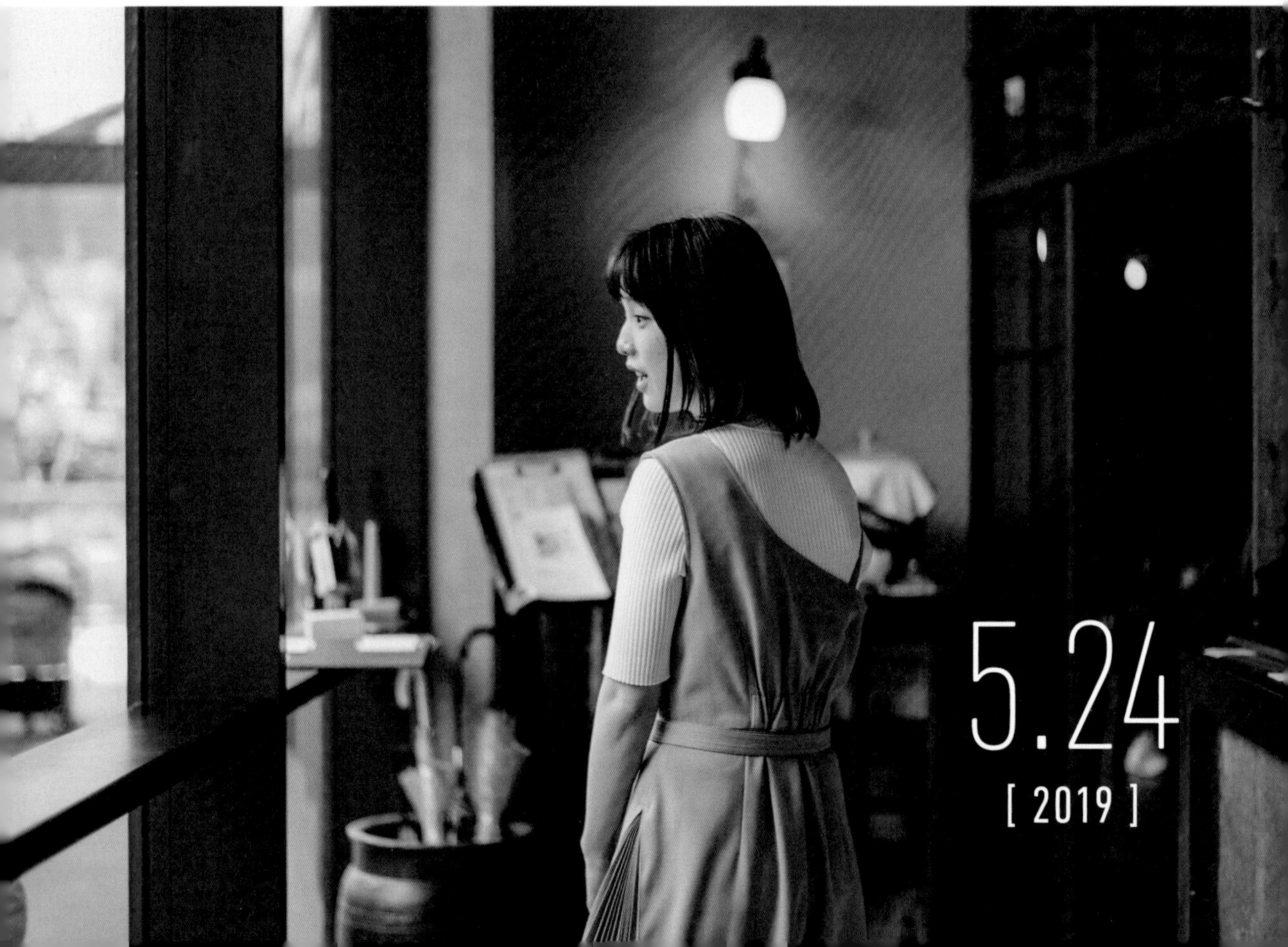

5.24
[2019]

コメントをくれた方のページに飛んでみると、若い女の子なのかスイーツの写真がいっぱい載っていたり、お子さんの可愛い写真が載っていたり。一人ひとりがしっかりどこかで生きていて、ちゃんと実在しているということが見て取れた。

初めての体験だった。今まではただ闇雲に投げていたボールだったけれど、ようやく霧が晴れて、ボールが受け取られていた場所が見えた感じ。どんなものでもいいから、誰かに何かが届けばいいと思ってやってきたから、その相手が見えたことはとても新鮮でうれしい出来事だった。


アナウンス部の研修では「画面の向こうで見ている人のことを想像しながら伝えなさい」ということを口酸っぱく言われる。ふむふむ。今まで出来ていたつもりで、まったく実感できていなかったこと。これからは胸を張って後輩に伝えられます。


ただ、「インスタを始めて本当によかった!」で終わればいいのだが、どんな物事にも一長一短あるもので。予想以上に反響が大きいというのはありがたいことなのだが、何かアップすると「弘中アナの発言に『怖いもの知らず』との声!」「弘中アナ、意外な素顔を公開!実は…?」など、センセーショナルに煽った見出しでネットニュースに転載されるのは、とっても恥ずかしい。

どちらかというと応援してくださる皆さんに向けて書いているものなので、大ごとになってしまうと「そんなつもりじゃなかったのに…」という気持ちになる。ナニサマ気取りよ、なんて思われないかしら…と、日に日に後ろ向きに。必要以上に気負ってしまい書きにくくなっているというジレンマ真っただ中。

開始3ヵ月でこんな風になるなんて、先が思いやられます。

初体験

5.31

2019]

ラジオに出演した。人気番組の『オードリーのオールナイトニッポン』。芸能界にファンが多いことでも有名だが、先日放送10周年を迎え、武道館を含む全国ツアーを成功させた。ラジオ番組としては異例の快挙だ。ますます注目を浴びている。

1年半ほど前から若林さんとレギュラー番組をもっているのだが、若林さんとご一緒するなら聞いておいた方がいいといわれたのが、このラジオだった。はっきり言ってそれまでラジオをしっかり聞いたことがなかった私。

聞いてみて驚いた。番組が午前1時に始まってから終わるまでの2時間、一曲もかからない。持ち時間いっぱい、ずっと二人のフリートーク。生き生きとした二人の話しぶり。ホーム感。そして何だか二人の楽屋での会話を盗み聞きしているような、ちょっとした背徳感。さらに出演者との距離の近さを感じられるのが印象的だった。話の内容も脱線したり、自由気ままな感じが伝わってくる。直感

的に「この番組に出られたら楽しそう！」と思った。

そんな背景があり、番組の宣伝などいろいろな取材を受けるにあたって、冗談で若林さんに「ラジオ出させてくださいよお」と何度か言っていた。実現するとは思っていなかった。というのも、テレ朝所属の人間がニッポン放送に出るには、かなりオトナの事情が絡んでくるからだ。しかし、いろいろな方が尽力してくれて出演できることになった。

普段の収録ではあまり緊張しないタイプの私だが、自局ではないというアウェー感、そして久しぶりの生放送ということで、本番前はなかなか気持ちが落ち着かなかった。

しかも、ラジオの中でもたびたび話題に上っていた相方・春日さんと彼女さんの10年越しプロポーズがテレビで放送され、若林さんの号泣姿がバズったタイミングでもあり、リスナーにとっては、直接本人たちの口から気持ちが聞けると待望していた回だっただろう。二人のそんな節目の時に、ゲストとして出るとなってかなり恐縮していた。

出番は深夜1時過ぎ。放送開始10分前に来てくれればいいからと言われた。あまりにも直前すぎないかと思ったが、ラジオでは普通らしい。控え室でディレクターの石井さんと打合せをするが、「なんでも自由に話していいですよ」と言われたのみ。台本もなければ、こんなことを話してくださいとも言われない。

え、どうすればいいんだろう、ゆるくないか？　ダイジョブ？　とアワアワしているところにオードリーのお二人登場。挨拶だけ軽く済ませると、すぐブースに入り、すぐに放送が始まった。お二人の軽快なトークで番組が進んでいく。石井さんから、30分ほどしたら紹介しますと言われ、ブースとガラス一枚挟んだ部屋で待つ。トークは春日さんの結婚の話や密着の裏話で盛り上がっている。どうにかして初めからトップギアのスピードで入って、流れを止めないようにしないといけない。なかなかのプレッシャーだった。聞かれることを大体予想し、こんなことを言おうと頭の中で考えながらCM中にブースに入る。中では二人はそれぞれ携帯をいじったり、スタッフさんと話していたり。そしてあれよあれよという間に、Qが出た。テレビの生放送だと、大勢のスタッフさんが本番10秒前からカウントを一斉に声に出す。ラジオはない。ただ、ガラスの向こうにいる人（しかも一人）が右手を上げるだけのQ。「今日のゲストはテレビ朝日の弘中綾香さんです～」との紹介。え？　これで始まるの？　ぬるっと始まっちゃったよーーーー!!　テンパる私！

「弘中ちゃん、春日の番組見た？」「見ました～。1・5倍速で」「それ見なくちゃいけないから見たやつじゃん!!（笑）」

この会話を皮切りに、フルスロットルで話し続けた。30分しゃべりっぱなし。テレビではありえないことだ。生放送で編集もなく、CMもなく、動きもなく、ただしゃべっているだけ。尺もウケるかどうかも気にしなくていい。話したいことを話したいだけしゃべる。「結婚することが幸せという一元的な考え方に飽き飽きしている」といった、普段なら絶対話せないような（全くその日にはふさわしくない）話も、思う存分話すことができた。あっという間に時間が過ぎていった。

話すことって楽しいなぁと改めて実感した経験だった。もちろんオードリーのお二人あってこその時間だったが、またやりたい、と切に思っている。

在京のラジオ局の皆さま、オファー待ってます～！

アイドルちゃんに生かされる

先日、雑誌のインタビューを受けた。そこで「あなたにとってのヒーローはどんな人ですか?」という質問があった。私が答えに詰まっていると、インタビュアーさんが「憧れている人とか、将来こうなりたいと思っている先輩とか」「その人の本は絶対読んでいる、など無いですか?」と重ねて聞いてくれた。

私はそのとき、思いつかなかったわけではなくて、ある答えが浮かんでいたの

6.14

[2019]

だけれど、言うことが恥ずかしくて口ごもっていた。すると「無理に見つけなくて大丈夫ですよ」という編集の方のひと言で、その質問は無しになった。何だかそのときはちょっと安心したのだが、後になってちゃんと答えればよかったと申し訳なく思った。

言えなかった答え…私にとってのヒーローは、「アイドル」です。なぜそう正直にインタビューで答えられなかったかというと、「アイドルになりたかったけれどなれなかったから、アイドル的立ち位置を目指しているイタイアナウンサー」と思われそうで、まだ少しだけ残っている私の中の自意識がブレーキを踏んだのだ。あさましい人間でごめんなさい！

アイドルになりたい！　のではなく、私は「アイドルに生かされている」側の人間だ。辛いとき、落ち込んだとき、ピンチのとき、いつも救ってくれるアイドルは私にとってヒーロー（私は女の子のアイドルが好きなので、厳密にいうとヒロイン）。

私は嫌なことがあると、YouTubeでアイドルちゃんたちの動画を漁る。動画が始まって、彼女たちと目が合った瞬間、「可愛い！」というトキメキがとてつもない重力を伴ってバンっとやってくる。その威力はすさまじく、疲れとかモヤモヤとか、色々な負の感情を一気に頭から吹っ飛ばしてくれる。見ている間、頭の中をずっと「可愛い」で埋め尽くしてくれる。「可愛い」以外、言葉が出てこない。何も浮かばない。見終わると、どこかすっきりした気分になって自分の中の感情がリセットされる。よく眠れる気がする。

何か話していても頭のどこかで違うことを考えていたり、本当は違うのになと思ってしまったり、頭の中がごちゃごちゃして、自分の中で目に見えない沢山の葛藤があるとき、それをうまく発散できればいいのだけど、結局どんどんと積もり積もって、疲れてしまう。だから、そんな色々をすごい勢いで掃除してくれる「アイドル」という存在は尊い。

では、弘中がいま一番よく見ているアイドルを発表します。

まずは「IZ*ONE」という日韓合同のオーディションから生まれたグループ。みんなとんでもなく可愛い上に、足が長くて顔が小さくて、同じ人間なのか？と疑うくらい、スタイルが良い。ダンスも長い手足を活かして魅せるのが上手い。また、さすがのK-POP、フォーメーションがくるくる変わるのでまったく飽きない。パフォーマンスのクオリティが高くて、本当にずっと見ていられる。

そして「乃木坂46」。「乃木坂らしさ」が曲、ダンス、衣装、PV、あらゆる面で細部まで行き届いているという、コンセプチュアルな美しさ。ひとりひとりももちろん素敵で輝いているんだけど、束になったときの破壊力ね。そして、ちょっと困ったような、でも瞳の奥に強い力があるっていう表情も素敵。乃木坂ちゃんにしか出せない「憂い」にやられています。

アイドルちゃんたちがどんな努力をして、どんな苦労をしてステージに立っているか、業界にいる身として少しだけわかっているつもり。私が思う「可愛い」だって、彼女たちの努力の上に生まれているものなのだ。動画を見終えるたびにすっきりした心で、私も頑張ろう！と思える。

これで明日も生きていける。

6.28 [2019]

ありがとう、お給料

自転車を買った。なんの変哲もないシンプルな自転車。安いから乗り心地はそんなに良くない。サドルは固くてお尻がすぐ痛くなる。電動じゃないから上り坂がつらい。でも、良い買い物をしたと思っている。

駅まで、スーパーまで、ジムまで、美容院まで、ちょっと行きたいと思っていたパン屋さんまで、ひと漕ぎすれば着く。歩くより早くて気軽だ。私は27歳まで実家暮らしだったので、夜から一人で出かけるということがなかった。都心に引っ越したら、ふらーっと一人で夜に出かけたいなぁと思っていた。何も言われず、自由気ままに、行きたいところに、心赴くままに。車は運転できないし、買えないから、自転車。憧れの東京暮らし。ようやく、夢が叶った。

私は小学生のときにしこたま勉強をして、中学受験をした。その結果、地元川崎の中学ではなく、電車で通う都内の私立中学校に合格した。付属校なので、一度入れば基本的には大学まで進学できることになっている。私が入った中学校では、小学校から入った内部進学生と、私のような中学受験で入った生徒が半々くらいの構成でクラスが成り立っていた。小学校から入っている子は、ストレートにいうと、お坊っちゃまとお嬢様。天真爛漫で、世の中の競争やら不条理を味わうことなく生きてきた、どこかゆったりとしたオーラを漂わせている。擦れていない。

入学して最初の席で隣だった子も、目がぱっちりして、ものすごく可愛い内部進学の女の子だった。肌が白くて、目がくりくりで、手足が長くて。受験戦争で視力を奪われ、牛乳瓶の底みたいな眼鏡をかけていた私とは比べものにならなかった。ビビっている私の隣で、彼女は自然に話しかけてきた。どこに住んでいるのか、という話になった。私が「川崎だよ」と答えると、何の悪気もない様子で

その子は小鳥のように首を傾げて「どこそこ?」と言った。はっはーん、そうか。そこで全てを悟る私。そういうことか。貴方は多摩川を越えたことがないんですね! 多摩川を越えたら、そこが川崎ですよ!

「京浜東北線で一本だよ」と説明すると、彼女は都バスか山手線しか乗らないから分からないと言った。完敗。そりゃそうだよね。でも、住んでみると良いところなんだよ。そう伝えたい気持ちをぐっと抑えて話題を変えた。

後から配られた住所録を見てみると、納得。彼らは基本的に、松濤や麻布、広尾といった超高級住宅街からやってきている。住所を見ただけで、内部進学か受験生か一目で分かってしまう。残酷なものだ。

その後、そういった子たちと仲良くなって、家に遊びに行ったり、泊まらせてもらうこともあった。高校生のときは、〈一蘭〉を食べに渋谷まで歩いたりすることが楽しかった。大学生になったら、六本木ヒルズのレイトショーを見に行ったりした。そんな彼女たちの都心での日常に、「すごい」「いいなあ」とは当時、素直に言えなかった。自分の家を恥ずかしいと思ったこともない。生まれ育った町も好き。けれども、都心に住む憧れはくすぶり続けたままだった。

自転車を受け取った日の夜、まず深夜まで営業しているカフェに行った。私が大学生くらいのときに出来たスポットで、周りの友達はそこによくテスト勉強をしに集まっていた。勉強はひとりでやるものだから、と私は行かなかったけれど、一人終電を気にするのが嫌だったのだと思う。

でもいまはもう違う。終電も門限も気にしなくていい。自転車一つでこんなお洒落な場所に行けるなんて。家賃、頑張って良かった〜。自己実現とはこういうことか。

ありがとう、お給料。

7.12
[2019]

迷えるオトナたちの秘密基地

行きつけのスナックが出来た。行きつけといっても、まだ数回しか行っていないから顔を覚えてもらったかな、といったところなんだけど。ちょっと奥まったところにあって、騒がしくなくて、別にキレイでもお洒落でもなくて、気張らなくていいよって言われている気分がして、なんだか落ち着く。いつ行っても楽しめる秘密基地が出来た感じがしてうれしい。

でも、ついこの前までスナック自体行ったことがなかった。スナックというと、おじさんたちの憩いの場的なイメージで、若い女の子が行く場所じゃないと思っていた。私とはあんまり関係がないと思っていたけれど、一度連れて行ってもらったら、あら不思議。ハマりました。

最初に行ったのは、別府のスナック。地元の友達がいて、ローカルなところに連れて行って！とお願いしたら、繁華街の雑居ビルの2階、絶対自分では入らないような〝ザ・スナック〟に案内してくれた。最初はおっかなびっくりだったけれど、なぜかすぐなじみ、すごく居心地がよかったことだけ覚えている。それ以来、東京でも行きたいと思うようになり、いろいろな人にスナック好きを公言し、なじみのお店の情報を教えてもらっている。そうやって〝持ちスナック〟を増やしているところ。

もともとお酒を飲むのも歌うのも好きだから、スナック好きになる土壌はあったのだけれど、他の人に気兼ねせず飲んだり歌ったりするという意味でいうとカラオケに行くほうがいい。個室だし。でも、スナックには、カラオケにはない「素敵な歌との出会い」がある。

ママが歌う中森明菜、カウンターに一人でいるお兄さんが入れるチェッカーズ、サラリーマン二人組が歌う氷室京介。往年の素晴らしい名曲の数々を私はスナックで知った。友達と行くカラオケではまずかからない曲ばかり。そりゃそうだ、生まれる前の歌だもん。スナックに行かなければ出会うことはなかっただろう。

ようやく大人になってきたということなのか、中でも歌謡曲が聞いていて一番グッとくる。何といっても、歌詞がいい。歌詞が紡ぎだすストーリーに思いを馳せながら聞いていると、泣きそうになることがある。

スナックは、そんな歌謡曲をその場にいる皆さんで歌い、分かち合い、いろんなことを忘れる場なのだ。昼間何をしているかなんて、関係ない。昔のことを思い出したり、こんな恋がしたいと思ったり。スナックではみな平等。みな迷えるオトナなのだ。

お酒と音楽が好きだったら、一度は行ってみることをおすすめします。選曲センスは問われるけどね。ちなみに私が必ず歌うのはREBECCAの「フレンズ」。アップテンポで、誰もが知っている名曲だし、サビで盛り上がることこの上ない！　序盤で歌って勢いづけましょう。あとは聖子ちゃんをぶりっ子してよく歌います。また、大事なのは〆の一曲に何を歌うか。私は「みんな帰るよ〜これが最後の曲ね！」と言いながら、百恵ちゃんの「さよならの向う側」を入れる。この終わり方、かなり気に入ってます。

真似していいですよ！（笑）

7.26
[2019]

トド

犬が、苦手だ。道を歩いていて犬が駆け寄ってきたら、逃げる。犬を抱いている人には極力近づきたくない。犬を飼っているお家にお邪魔しても、家主の手前「可愛いワンちゃんですね」とは言うが、さわらない。近寄ってこられたら、距離を取る。それくらい苦手。もちろん一度も飼ったことがない。

犬が嫌いになった理由は、およそ20年前までさかのぼる。「トド」が原因だ。トドというのは、私が小学生の時に住んでいたマンションの上の階に住む人が飼っていたテリアで、全長が1m50㎝はあったと思う。小学生の私よりも大きく、そして、誰がどう見てもトドは私のことをナメていた。

私は下の階に住んでいる同級生のゆかちゃんと学校に行っていたので、ゆかちゃんの家に行くために朝エレベーターを待っていると、散歩に行くトドと飼い主に鉢合わせすることが多かった。トドは、エレベーターのドアが開いて、私が待っていると分かった瞬間に「ブォウブォウ」と吠えてくる。エレベーターが揺れるくらいの大きな声で。飼い主のおばさんがなだめても、全くお構いなし。リードを振り切って、前足を私の肩にかけようとしてくる。恐くて同じエレベーターには絶対に乗らなかった。一刻も早くドアが閉まることを願うばかりだった。自分より体格の大きい犬に襲いかかられそうになる…トラウマになるのも納得できるだろう。

百歩譲って吠えるだけなら、許そう。許せないのは、このトドは私が親と一緒にいる時には吠えないのに、私がゆかちゃんといる時や、一人の時だけここぞとばかりに吠えてくるという点だ。飼い主や大人にはクンクンとすり寄っているクセに、自分より弱い子どもには力まかせに向かってくる。瞬時に自分より格上か格下かを見極めて、態度を変えているのだ！　当時、下唇を噛みながら思った。こんな性格の犬とは友達になれない。このトドとの出来事が私の犬に対するイメージを屈折させたことは間違いない。

そのあとも極力犬とのふれあいを避けて大人になってしまったので、昨今の「可愛い」の代名詞のようなチワワやトイプードルといったような小型犬も、いつ手のひらを返してくるんだ、と身構えてしまう。常に気を張っていないと、してやられるのではないかと思う。もちろん可愛いなんてひとかけらも思えない。

トドめ、いま思い返しても憎たらしい犬だ。中学生になって登校時間が変わり会うことがなくなったが、強烈なトラウマは私に植え付けられた。あれから20年、トドはもういない。もしいま再会できたとしたら、トドはどんな態度をとるのだろうか。私のことを大人と認めてくれるだろうか。それともまだ吠えられるのだろうか。どちらにしても「お前のせいで犬嫌いになったよ」と、ひとこと文句を言ってやりたい。

期待は身勝手

モットーも座右の銘もルーティンもないが、私には心掛けていることがある。決して誰かに期待しないこと。他人からの期待と自分を切り離すこと。これだけは常日頃心に留めている。

もともとは私、期待に応えることがモチベーションのすべてだった。特に小さい頃は、周りからの期待や希望を言葉の端から察知して、先回りして自ら選ぶような子どもだった。学校も部活も習い事も、今思えば本当に自分がやりたいものだったのか分からない。就職だってそう。まさか自分がアナウンサーとして受かるなんて夢にも思わなかった。大変な仕事というのは分かっていたし、何の準備もしていない自分にそんな役目が務まるのかも、心底自信がなかった。どこにでもいる、何者でもない大学生だったから。家族からも出来るはずない、と反対された。けれども、テレビの世界の第一線で働いている人たちが自分の伸びしろに期待してくれているんだ、と思ったら、その期待に応えたいという気持ちになった。だから入社を決心した。

そんな私が期待に応えること、そして期待することをやめたわけ。それは、「期待していない」と言われたことで救われた自分がいたから。

私にその言葉を言ったのは『ミュージックステーション』の名物プロデューサー。音楽業界で彼の名前を知らない人はいないだろう。番組を30年以上支えている。そんな彼に、私がMステを担当することが決まってからおそるおそる自己紹

8.9
[2019]

介のメールを送ったときのことだ。選ばれたうれしさ、そして不安、でも精一杯頑張らせていただきたい、ということを私なりに伝えた。間もなくして返信が来た。そこには、「今のお前には、何も期待していない。何もできないよ。」と、書いてあった。

期待を受けてそれに応えることがすべてだった私には、この言葉の理解に苦しんだ。どういうことか、さっぱり分からなかった。フリーズした。怒らせたの私？　へ？　挨拶しただけだけど。こわ。けれども、そのメールは「期待していないから、気にせず、そのままでいればいいんだよ」と続いていた。

何だか、知らず知らずのうちに背負っていたものがスッと取れた気がした。「そのままでいい」とは、なんという魔法の言葉なんだ。今までずっと誰かの「理想とする私」像を超えることがすべてだった。そのままの私でいいなんて。面食らった。有難かった。きっと真意は、まだ素人に毛が生えたような新入社員が小手先で背伸びしてそれらしくやっても見透かされるから、無理に繕うな、ということだと思う。

でもこの言葉があったから、私はあの番組を5年間、担当できたのだと思う。いつも、ただ音楽を楽しむためだけに、あの席に座っていた。ありのままの自分で。

期待は、身勝手。「期待しているよ」なんて、たやすく言わないでください。言われたら、聞き流してください。いいんです、人の期待に応えなくて。

また、自分自身への期待が重くのしかかるときもあります。そんなときには「そのままでいいよ」と、自分に言ってあげてください。

わが子を思う母のように

夏も終わりに近づいていますが、私の中でのこの夏の一番のハイライトといったら、ある番組の最終回を、悲鳴じみた歓声をあげ、あーでもないこーでもないという分析を交えながら見た4時間といえるだろう。あっという間で、見終わったあとは不思議と自分が歴史の証人になれた気がして、どっとした疲れと共に言葉にできない満足感で一杯だった。さあ、気になるその番組とは……『Produce X 101』。予め断っておきますが、テレ朝の番組ではありません（笑）。感度の高い皆さんなら聞いた事あるかもしれないけれど、まあまだ知名度は低いので少々説明させていただきます。

読み方は「プロデュースエックスワンオーワン」。一言でいうと、韓国のオーディション番組。韓国のテレビ局「M net」が放送していて、向こうではものすごい人気らしい（日本でも若い女の子たちの中でかなりの人気）。内容としては、芸能事務所のいわゆる研修生たち、アイドルを目指している10代から20代半ばの男の子たちが101人集められて、厳しい練習や合同合宿、視聴者のオンライン投票によるオーディションを受けていき、人数が徐々に絞られていく。最終的に残った上位11人がアイドルグループとしてメジャーデビューするという王道オーディション番組。まあ昔から脈々とある典型的なプロットなのだが、激ハマりし暇さえあればずっと彼らを応援しているような夏を送っていた私。そのため、最終回はもはや涙ものだったといっても過言ではありません。

私はこの番組の前シーズンの女の子版（ちなみにこの時デビューしたのがIZ*ONE）を後追いで見ていて、期せずして男の子版が放送されるというから、ずっと楽しみに待っていた。

この番組の楽しみ方としては3通りあると思う。まずは、推しメン（アイドル用語ですが、自分の一番のお気に入りのメンバーという意味です）を早い段階で見つけて、その子がデビューできるかできないかハラハラしながら見守るという見方。二つ目はプロデューサー目線で、どの子とどの子が残っていくかなどを予想しながら見ていく見方。これはビジュアル、ボーカル、ラップ、ダンスなど色々な要素をバランスよくグループに収めていくための組み合わせを考えるようなチーム作りの楽しさがある。そして三つ目は、若い子が努力して夢を追いかけている姿をただ応援するという見方。何の気なしにふと甲子園を見ていたのだけど、そのうち情が入ってどちらのチームも勝ってほしいと本気で願う、あの瞬間に似ている。

ちなみに私は一つ目と三つ目の混合パターン。推しメンを応援しつつも、自分より十も年下の子たちが切磋琢磨している様子に心打たれていた。あと、その年代だからこそのひた向きさとキラめきに毎回やられていた。私だったら投げ出してしまうような厳しい鬼先生のレッスンを受けている最中で、また、順位が思うように上がらずカメラの前で涙を流していたあの子が、ひとたびステージに上がると人が変わったようにカッコいいパフォーマンスをするのだ…。ギャップ萌え…。パフォーマンスもとにかく毎回本当にレベルが高くて、見ごたえがある。群舞好きにはたまらない細かいフォーメーション移動も最高。あとみんなで合宿生活をしているから、二段ベッドでわちゃわちゃしてたりするのも可愛い…。余談ですが、なんであんなにパーソナルスペースが狭いの？　可愛いからいいけど！

韓国のアイドル事情はかなりシビアで、研修生を何年もやってもデビューでき

8.23

[2019]

なくて、一度デビューしたけれど思うようにいかず再起をかけてこの番組に参加するようなお兄さんたちもいる。回を追うごとに彼らのバックグラウンドや個性が分かってきて、もう目が離せなくなってしまう。

ですので、最終回はもう我が子を思う母のように祈りながら見ました。私の推しメンくんは見事デビューが決まりホッとした次第ですが、うかうかはしていられません。メジャーデビューして、ちゃんと人気アイドルになるまで応援していかなくてはいけないので（ヲタクあるあるの無駄な責任感）これからも彼らを応援していこうと思うのです。

9.13
[2019]

傍流で生きる

アナウンサーは情報を正確にきちんと視聴者の方に伝えるのが仕事だ、という風に1年目の時に学んだ。そこに私情はいれてはいけないし、どこにも偏りなく、ただ事実だけをしっかりお伝えする。台本通り、原稿通り、が基本であり、唯一であると。

けれども、ここにはまったく逆のことをやっている私がいて、自分でもこの状況に驚いている。いつからそうなったのか、過去を振り返ってみてもわからない。遭難してしまった時、いつどこで遭難したかわからないように、いつの間にか気づかぬうちにぬるっと道から外れてしまった。『Mステ』時代はまだメインルートを歩いていたはずなのだけど、卒業してからタガが外れてしまったのか、はたまた先天的な素養がそうさせているのか。おそらく、後者がすべてだと思いますが…。

最近の私は、変わらずバラエティ番組に出続け、AbemaTVでYoutuberもどき（ひろなかラジオという番組です）をやってあーだこーだ自分のことを喋ってみたり、ここではコラムを連載したり、色んな雑誌にも出させていただいている。なぜだか自分でもよくわからないほど、台本や原稿がないフィールドに立っていた。そこでは、自分の思ったことだったり経験したことだったり感じたことだったりをありのままに話すのみ。たどり着いた脇道はいばらの道でも、ものすごくスリル満点でひりひりするような毎日が待っていた（もちろん王道は王道で大変な道だと思う）。

そこで気づいたことはシンプルにひとつ。自分の言葉で話すことは、とても楽しい。なんだか、ものすごく弘中綾香という人間を生きている感じがする。誰かの言葉じゃなくて、自分からあふれ出る言葉であり、それの元になっているのは私の心で感じたことだから、私にしか言えないこと。表現として絵を描く人や料理を作る人がいるように、私は書いたり話したりすることで、自分は何者かを表しているんだと思う。

私は、人と同じ経験をしても同じ感想を持てなかったり、変なところが気になる。みんなが普通にやっていることに疑問を感じたりすることが多くて、感受性が変わっているのかな、と思っていた。何も術を持たない時、半径3メートルの中では変わった子扱いだったけれど、それを表現して沢山の人に見てもらうことで、「面白い」「分かる」と思ってくれる人がいることがうれしい。

楽しい一方で、表現は難しい。適切な言葉が紡げなくてモヤモヤする時もあるし、言葉のあやに足を取られる時もある。本意が伝わらなくて、悔しい時もある。8月の終わりに『オールナイトニッポンZERO』を一人で任せていただく機会があった。表現の場としては、最高の舞台！　一時間半ずっと一人で話すという、夢のような枠をこじ開けてもらった。大まかな流れは決まっていたけれど、台本はない。それに関して不安はなかったのだけれど、自分が話さないと無音になってしまうことにブースに入ってから気づき、（テレビでは有り得ないことだ！）その静寂が怖すぎて、あまりにも一方的に矢継ぎ早に話してしまった。少し気負いすぎていたな、というのと、もっと伝えられることがあったな、もうちょっと慎重に言葉を選べばよかった…など、反省すべき点はいくつも浮かんでくる。

でも、結局のところ楽しかった！の一言で集約できるから、私は自分の言葉で話すことをこの先もずっと続けていきたいです。

大人になってからの恋愛は

育った環境が異なれば、自ずと好みも異なってくる。名曲の歌詞にも出てくるように、食べ物の好みも違うし、趣味も全然違う男女なら、時々それでぶつかり合うけど、それでも好きだからお互いがお互いに歩み寄る努力をするもの。セロリが好きな彼女のために（本当は入れたくないけど）みじん切りにしてスープに入れてみたり、夏が苦手だけど彼とのキャンプを計画したりしているかもしれない。私はこの関係性が素敵だな、とずっと思っていた。憧れる。

最近、友達の別れ話を聞いた。2年ほど付き合っていて大切にしていた彼氏から、急に「性格が合わない」と言われフラれてしまったのだという。2年も付き合っていて根本的な問題に今更気づいたのかーい、というツッコミを挟みつつ聞いてみると、重ねて彼は「育ってきた環境が違うこともあるし、目指している将来像が違うのかもしれない。というかもともと考え方が違うと思う」と言ってきたのだそうだ。いわゆる価値観の違いが、すれ違いの原因というやつだ。

彼にこそ、本当に『セロリ』を聞いてほしい。むしろ歌ってあげたい。まずもって、その違いを楽しめよ、それこそ人と人とが付き合うことの醍醐味だろ、と言いたい。自分という人間がいて、全然違う感性や考え方やバックボーンを持った人間がいて、その人と深く関わることによって、自分の視野や物の見方が広がったり変わっていったりすることが、人付き合いの魅力であり面白さではないのかい？　違いにぶち当たって「この子とは合わないね、はいお別れ」じゃなくて、そこでどう歩み寄れるか、がんばってみるよって言ってよ！　こっちもがんばるから！　と、思ってしまうのはこちらのワガママなのか？　もしくは、まだまだ恋に夢見る夢子ちゃんなのか？

大人になるとコンスタントに会う友達も変わらないし、仕事以外で触れ合う人でしっかり話をする機会があるのは、恋人以外見当がつかない。お互いがお互いの違いを尊重して、取り入れられるような関係がベストなんじゃないの？　なんて言っていたら、前述の彼女が「合わないのはもともとわかってたんだけどね。でも、好きだったから」と一言。こっちまで泣けてくるようなセリフ。むしろ、泣きました。大人になってからの恋愛は、好きだけじゃどうにもならないんだね。いい勉強になったよ。

気は強くタフでどんなことも乗り越えてきた彼女だから、きっとこの失恋も肥やしになって、違いを面白いと感じてくれる人と絶対に巡り合うことを願う！

9.27
[2019]

10.11
[2019]

フラれてもしょげるな！

いつ、どの時代も楽しくは生きているのだけど、じゃあいつが私の歴史で一番の分岐点だったかというと、ＪＫ時代だと思う。私は高校で過ごした3年間がどの時代よりも色濃く残っているし、何より私の人格形成に多大なる影響を与えていると思う。

私の高校には卒業生なら誰もが知っている名物先生がいて、その先生の授業が好きだった。生徒とも仲が良くて、親子以上の年の差がある生徒にタメ口で話しかけられるような、フレンドリーで親身になってくれる先生だった。私はその先生の、綾小路きみまろさんみたいな漫談風のしゃべり方でまくしたてるように話す人生論が好きだった。

今でもよく覚えているのは、先生がよく言っていた「男は踏み台、使い捨て」という言葉。よくそんなフレーズを無垢な女子高校生に教えるなぁと今になって驚く。先生が熱心に教えていた伊勢物語のことは何一つ覚えていないのに、この言葉だけは頭の隅にこびりついているのだから、当時からしても辛辣でキャッチーだった。けれども、その頃の私たちは「彼氏にフラれてもしょげるな！」くらいの意味でしかとらえていなかった。まだ恋らしい恋もしていなかったし、よくわかっていなかったのだと思う。

大人になってふと思い出したとき、一体あの言葉はどういう意味だったのだろう、先生は子どもだった私たちに何を伝えたかったんだろう、なんであんな言葉を使ったんだろう、と疑問が湧いてきた。あの言葉に隠れた真意が知りたかったのと、久しぶりに先生の講義が聞きたくなって、連絡をとってみた。孫がじゃれてきて大変だ、と開口一番に言う先生の話しぶりが当時とまったく変わっていなくて、それだけで懐かしくなる。

あの言葉の真意を問うと先生は、「女子高なりの独立自尊」を伝えたかった、と話した。独立自尊というのは福沢諭吉の言葉なのだけど、文字通り、何事も自分で判断し責任を持って行動しようという教え（私なりの解釈を含みます！）。誰かに頼るのではなく、自分の足でしっかり立っていけるような女性になりなさい、ということで、ハード面でも精神面でも、他人がいないと生きていけないような人にはなるな、ということなんだそうだ。「男は踏み台、使い捨て」は一見かなり強い言葉だし、男性をモノのように見ているみたいだけれども、実は「きっと彼についていけば一生安泰、大丈夫」だったり、「彼と結婚したら私は幸せになれる」というような夢見がちドリーマーな私たちをぶん殴る言葉だったのだ。あなたたちなら自分で出来るんだから、と先生は最後に付け足した。確かに誰かにオールを託すのは楽だ。けれども、まず漕いでみなさい、と。

「彼氏にフラれてもしょげるな！」でもおおよそ解釈は間違っていなかったが、アラサーになってから聞くこの言葉の重さは、超ド級。仕事に行き詰まったり、嫌なことがあったりすると「誰かのチワワになりたいなぁ」なんて考えてしまうのだけれど、他人を当てにするのはやめて、今いるところで自分が踏ん張るしかないんだなあ、としみじみ考えさせられるのです。

未知との遭遇、のすゝめ

社会人になってまだ6年だけども、一番の収穫といえば、「素晴らしい」「すごい」「憧れる」と思える人と沢山出会えて、話せたことだと思う。そして、どんなに努力してもこの才能には勝てないなあ、と思うようなプロフェッショナルな人とか、その考え方は思いつきもしなかった！　と思うようなユニークな人たちに囲まれて多様性が身についたというのか、知見が広がったというのか、どんな言葉が当てはまるのか分からないけれど、正解も成功も一つじゃないんだ！　と思えるようになった。

自分の生まれ育った環境や、幼い頃に出会った人、聞いたことは、知らぬ間に自分の価値観に大きな影響を与えていると思う。拭いたくても拭いきれないくらい、自分に深く根差すモノの見方。人生観にしかり、道徳観にしかり。恐ろしいのは、それが完全に無意識のうちに培われること。そして、盲目的に自分の物差しが「万人共通」と思ってしまうことではないだろうか。私が正しいと思うことは相手も、世の中も正しいと思っている、と疑うことなく、信じてしまう。信じるまでならまだしも、押し付けてしまうのは最悪（往々にしてやりがちなのだが）。

アインシュタインが「常識とは、18歳までに身につけた偏見のコレクションである」と言っていた、とどこかで聞いた。まさしくその言葉通り、自分の中の常識や物差しは、ほかの人からしたら偏見であることがしばしばある。けれども、それに気づくタイミングは意外と無くて、「未知との遭遇」が唯一のチャンスなのかもしれない。井の中の蛙ちゃんは、井の中から飛び出さない限り、そこが彼女にとってのユニバースなのだから。

自分とは全く違う背景と考え方を持った人と出会って話したり、自分の中の正攻法の斜め先を歩んでいるとんでもない人と出会った時とか、ともすると（私は残念ながらしていないけれど）上京や留学も良い機会なのかもしれない。そこでようやく、これまで成功や正解だと思っていたことが、もしかしたら違うんじゃないか、とか、私が信じていたものってただのローカルルールなんじゃないか、と疑うことができるようになる。

私にとっては、それがこの仕事で出会う人たちだった。玉石混淆のカオスな世界の中、一緒に番組を作る上司だったり、スタッフさんだったり、出演者の皆さんだったり。でも、多種多様な考え方を持つ人との触れ合いは、はっきり言って怖い。これまでの努力や自分自身を否定することにもつながる気がしてしまうから。でも、私はそんな出会いを通じて自分がどんどんニュートラルになっていくのを感じている。

だから数年前の自分より、今の自分の方が好き。

10.25

[2019]

11.8 [2019]

私の夏休み2019

　今年の夏休みはどこに行こうか、と考えた時に、とりあえずどこでもいいから海外に行こうと決めた。年に一度の休みに求めることは、「非日常感」。東京やら日本やらから、心理的にも物理的にも離れられればそれでいい。何もしない、何も考えない時間が今のあたいには必要なんだ！　と、国外エスケープをキメることにした。けれども、ほかのこだわりは特にない。旅先は一緒に行ってくれる友達と話し合って決めることにした。

　社会人同士の旅行は、まず日程を決めるだけでも大変だ。ああ、この日はプレゼンが…ああ、この日は収録が…で、決まらない。お互いの仕事が落ち着く、夏も終盤に差し掛かった日程に決まり、そこからの旅先決め。彼女もかなりの旅好きで、私が候補に挙げたカンボジアやらベトナム、タイは学生時代に行ったことがあるという。しかもロンドンとベルリンへの出張が旅行の前の週にあるそうで、そこも避けようとなり、結果、二人とも行ったことのないクロアチアのドゥブロブニクに白羽の矢が立った。以前行ったことのある友達が「一度は行った方がいい！」と激推ししていたのと、「クロアチアに行く私たちツウっぽい」というのが決め手になった。

　ただ調べてみると、ドゥブロブニクは本当に小さな街だから1日で見て回れる、と書いてあったので、ツウかつ洒落ている私たちはパリにも寄ることにした。すると、結婚式でパリに行かなくちゃいけないからついでに便乗しようかなとかいう（ふざけた）友達と、なぜかシンガポール在住の友達まで集まることになり、私たちのヨーロッパ珍道中が幕を開けた。

　ドゥブロブニクというのはクロアチアの南に位置するアドリア海に面した都市で、今もなお中世ヨーロッパの雰囲気を色濃く残す、本当に小さな街だ。その時代に作られた旧市街は世界遺産にも登録されている。ジブリ映画『魔女の宅急便』の舞台のイメージになった街と言えば、イメージが付きやすいだろうか。その街をぐるりと囲っているのが、石造りの城壁。昔、海から襲ってくる敵の攻撃を防ぐために作られたものだ。お金を払えば観光客も回れるようになっていて、朝早くから多くの人がひいひい言いながら登っていた。高台から見下ろすとコバルトブルーの海とオレンジ色の屋根のコントラストが本当に綺麗で、こんな街にならキキもいるだろうと錯覚してしまうほど。カラッとした気候で、抜けるように青く、遮る建物もない、大きな空が気持ちよかった。夏も終わりだったが、ビーチで遊んでいる人もたくさんいた。ちなみにだが、日本からはハネムーン先として人気らしい…。確かに新婚さんらしい日本人をよく見かけた。

　一日目は街を探索して、ごはんを食べて、ゴロゴロして、高台から街を見下ろした。海に面した素敵なホテルを予約したので、海を見ながらゴロゴロするだけで「ああ、東京と時間の流れ方が違う」と思った。地中海に面しているからか海産物が有名で、ムール貝の蒸したものやブイヤベースなど、おいしいごはんにもまったく困らなかった。

二日目は、船で15分程度の島に行って散歩したり、お茶をした。このころになると、いかんせんすることがなくなってきた。街に出かけても『ゲーム・オブ・スローンズ』（この街をロケ地にしている超人気海外ドラマ）のグッズばかりで食指が動かない。海に行ってみても肌が焼けるのが嫌なので、そんなに長くいられない。夜も早く寝ているから、昼寝しようと思ってもできない。青い空に青い海、それだけで良い！　文字通り、これがヴァカンスなんだ！と思いこませるのだが、どうもうまくいかない。せっかく休みに来たのに時間を持て余し、何かこの時間でできるんじゃないか、やれることはないか、無駄をしているんじゃないか、と胸がざわめく。忙しさに慣れてしまっているのか「何もしない」が怖くなっている自分がいた。

完全にヴァカンス慣れしてない。知らず知らずのうちに悲しい現代っ子になっている私。聞いてみると、友達もみな同じ感想を持っていた。ただダベるだけという東京でもできることで時間をつぶし、ドゥブロを後にした。

そして待望のパリ。見える景色がガラリと変わった。キラキラ輝く街の明かり、行き交う着飾った人々、通りをひしめき合う店たち。目に映るもの全てに刺激される。胸が高鳴ってくる。あれ買いたい、これ食べたい、あそこに行きたい、次々に湧いてくる。ああ、これです求めていたのは、こういうことなんです！

やっぱり、何もしないなんて無理。都会で忙しなく過ごしていくのが性に合っているんだな、と改めて気づかされた夏休みでした。

祝福に自由を！

11.22
[2019]

私は披露宴が苦手だ。招待状が来ると、「…ぅ」と小さくうめいてしまう。なぜか。それはあまりにも、自由がないから！　リスケはできない、食事は選べない、席も選べず、着ていく服にもルールがある！　こんながんじがらめのイベント、ほかにありますか？　ありません！！！

「ああ、結婚できない女のひがみね」と思われるひともいるでしょう。それもあります！　が違います!!　私は、祝いたい気持ちはある。けれども、果たして、その「新郎新婦を祝福する」という目的に対する手段として「披露宴に出席する」が最適なのか、という疑問を持っていて、否、違うのではないか、と思っているわけです。

思い返してみてほしい。大広間にずらっと並んだ円卓。始まると、まず主賓のスピーチ、乾杯のご発声、歓談、ケーキ入刀、VTR、挨拶。お決まりの流れで、会が進んでいく。こちらは新郎新婦と話したいのに席は離れているし、席を動けるのは、ちょっとした合間の写真撮影と、最後のお見送りくらい。話せるのは一言二言。もっと伝えたいのに、ずっと見ているだけ。二人の生い立ちも、出会いも、馴れ初めも、結婚の決め手も、全部VTRで紹介される。プロジェクターをみんなで見ているんじゃ、時間を作って集まっている意味がない…。いつも思うのだが、この動画を行きの電車で見ておくと、もっと楽しめます！　みたいにYouTubeのURLを送ってくれた方がよっぽど効率的ではないかと思う。

ご祝儀だって、会場代や食事代に消えてしまうのならば意味がない。今はやりのクラウドファンディングみたいに、金額と使い道とリターンを選べたら、素敵じゃないですか？　1万円で会費のみ、1万5000円で、会費と新居で使う家電のカンパ、リターンはホームパーティご招待券！　のように。

こんなふうに披露宴の色んな場面に「これは本当に必要か？」「惰性でセオリーを踏襲しているだけではないか？」という疑問を持ってしまうから、楽しめないし、アンチ披露宴だし、「ここに私は必要なのか？」と思ってしまう理由なのだと思う。あたしゃ、もっと自由にお祝いしたいんだよ！　みんな自由に行こうよ！

大事なのは双方の気持ちが伝わるかどうかなのだから、別に場所も時間もどこでもいいと思う。近所の居酒屋でいいし、家でもいいし、どこか旅行に行ってもいい。服装がパジャマだって、気にしない！　とにかく、ちゃんと表情がわかる距離で、たくさん話して伝えたいなあと思う。何もかも直接聞いた方が、温度は伝わってくるもの。これまでの道のりを都合よく編集したものではなくて、色んな角度から聞いた方がいいに決まっている。破局の危機はなかったのか、家族とはうまくいったのか、本当の決め手はなんだったの？　そんな話をたくさん聞きたい。2対何百のコミュニケーションではなく！

こんなこと書いていたら、これから披露宴に呼ばれなくなりそうだけど、それはそれで狙いだったりして（笑）。

この冬、インドアになる理由

最近の私はクラシックづいている。映画、演芸、本、漫画、あらゆるジャンルの「名前は聞いたことあるけど、実際に見たことはない」という「名作」にチャレンジしている最中だ。

例えば、黒澤映画。この間、アマゾンプライムで人生で初めて黒澤明監督の作品を鑑賞した。『生きる』、素晴らしかった。舞台は戦後まもない日本。けれども今の日本となんら変わらない人間模様がいじらしく、細かなひとつひとつの描写に、ワンシーンも見逃せない。真に迫る演技のなかに、シニカルに笑えるところも沢山あって、台詞のひとつひとつが胸に刺さる。70年近く前の作品とは思えなかった。また別の日には立川談志師匠の高座を映像で見た。こちらも初めて。落語はこれまで滑稽物しか聴いたことがなく人情物は初めてだったのだが、気が付くとホロリときている自分がいた。時間があっという間に過ぎていく感覚。もっと他の演目も聴きたい。本は、向田邦子先生の作品を読み返しているところ。ジャンルを問わず「名作」と呼ばれる作品には現代に生きる私に訴えてくるもの、色褪せない魅力がある。

そんな名作を見直し始めたきっかけは何だったかというと、一番初めは、共演者の方の会話についていくためだった。深夜のバラエティ番組『お願い!ランキング』内の企画「太田松之丞」でご一緒させていただいている爆笑問題の太田光さん、講談師の神田松之丞さん。本当に幅広いジャンルのエンターテインメントに精通されているお二人。特に落語が（さらに言うと談志師匠が）お好きという

12.13

[2019]

のがお二人の共通点で、収録中にしょっちゅうその話が出る。番組の趣旨は、視聴者の方から寄せられた質問に答えるというもの（いつも脱線するのだけれど）だから、派生話ではあるのだが、お二人が話している内容に私は全くついていけなかった。いや、ふむふむ、と聞いてはいられるのだが、感想を伴った意見を言うことができないので、会話に参加できないのだ。せっかくそんな貴重な場にいるのに、とても勿体ない！　さらにこれは大人として恥ずかしいぞ、と思った私。少しずつではあるが、お二人の会話に出てきた作品を見るようになった。前文に出てきた作品も全て勧めていただいたものだ。お二人の才能を鑑みれば当然も当然だが、作品の魅力を伝えるのが滅茶苦茶うまい！　だから無精な私でも一歩踏み出すことができた。

一歩踏み出すと、その先が果てしなく続いていることに気づく。まだまだ、にわかもにわか。けれども、名前を知っているだけと自分の感想を持つのでは天と地ほど違う、と気づいた。何事も体験。テレビという日々消費されていくメディアの端くれにいる私にとって、ちょっとしたブレイクスルーであった。毎日流れているものをチェックすることに追われ、より新しいもの、流行っているものを取り込まないと、という今現在にフォーカスした目線に奥行きが加わった感覚。その分、見たいコンテンツが多すぎて、全くもって時間が足りない。この連載の一言コメントで、夏は暑すぎて外に出ない、秋は風邪で家から出ない、などと色々インドアになってしまう理由を並べていたが、この冬は見るものが多くて外に出られなくなりそう。

風邪予防にもなるし、まぁいいか（笑）。

２０２０年の私は…

心の準備をする間もなく年の瀬がやってきた。２０２０年なんて遠い先だと思っていたのに、何てことだ。

２０２０年といえば、そう「東京オリンピック・パラリンピック」。私は、世界が熱狂する一大イベントが、東京で２０２０年に開催されることに対して運命のような「何か」を感じている。日本に生まれ育ったものとして自国で開催されることへの高揚感や、生きている間にこんな世界規模のイベントに遭遇することはきっともうないに違いない！という思いはもちろんだけれど、ここだけの話、あまりにも私の人生とタイミングが合いすぎるがゆえに、「何か」を感じているのだ。

私がテレビ朝日に入社したのは２０１３年の4月のことだった。その夏の終わりに、突然舞い込んできた開催決定のニュース。「あれ、これ私、本当にラッキーかもしれない」と心底思った。たまたまアナウンサー試験に引っかかって、それだけでも御の字だったのに、ましてやオリンピックが東京で開催されて、そこに仕事で関われる可能性があるなんて！　そう、当時の私は正統派のニュース番組に出るアナウンサーになるものだと思っていたのだ！（笑）　２０２０年には入社8年目、脂の乗った29歳。選手を取材したり、競技会場からリポートしたり、

間近でメダル獲得の瞬間を伝える立場になるかもしれない…なんて希望に胸を膨らませ調子に乗りすぎた私は、友人たちにこの「2020年問題」を吹っかけていた。

「2020年には30歳だよね？　そのとき自分が何をやってると思う？　何やっていたい？　私は絶対にオリンピックに関わりたいから、任せてもらえるように仕事を一生懸命頑張るつもり。あなたは？」そんな風に問い詰めて、周りをドン引きさせていた記憶がある。就職したばかりのころに自分の姿を描けないのは至極当然だし、ただただ私の気合が空回りしていただけのことだった。思い出すだけでとんでもなく恥ずかしい。青かったなぁ。


皮肉なことに今現在の私は当時描いていた姿からほど遠いところにいる。誰がどう見てもバラエティ色に染まっているし、そこに適性があると自分でも思う。しかも、かなり珍しいことに情報番組も報道番組もレギュラーでついたことがないのだ！　もう傍流も傍流すぎて、どこをどう行けば本流に戻れるのかわからない（戻ろうとも思ってないけれど）。一方、スポーツ分野で活躍するアナウンサーは、選手やチームを何年も何年も取材して情報を集め、関係性を作り、長期タームで仕事をしている。先輩方の姿を見ていても、本当に取材がモノをいう世界だということがわかる。今から飛び込んだところで門前払いを食らうに決まっている…。

それでも、こんないい頃合いで、この職業で、オリンピックを迎えることがどれほどの確率なのかを考えると、むくむくと私の中で「やりたいな精神」が湧き上がってくるのだ。もし関われたら、このキャリアのハイライトになることは間違いない。万、万が一、私がオリンピック・パラリンピックの仕事をすることが出来たら、孫の代まで自慢しようと思う。

1.10
[2020]

かわいいの向こう側

新年早々「パンドラの箱」を開けてしまった、気がしている。

昨年もこのコラムで書いたように、私はとにかくアイドルが好きで、暇さえあればかわいい子ちゃんたちの動画を見ているような人間だ。ステージで踊って歌っている彼女たちを見ると、何もかも吹っ飛んでいくから。嫌なこととか、気にしてることとか。私にとって無くてはならないライフワークでもある。2012年に、ももクロちゃんに出会ったことから始まり、坂道グループ、K-POPまでかわい子ちゃんたち何でもござれ、の俗に言う「DD」(誰でも大好き)。大変ありがたいことに仕事でお会いできる機会もあるし、色んなグループのコンサートにも行かせていただいた。

そんな私が「いや、あそこに行くのはまだ早い」「覗いてみたいが、私ごときが足を踏み入れていいのだろうか」と思っていた聖域がある。それが皆さまご存じ、ハロープロジェクト、略してハロプロ。代表的なグループといえば「モーニング娘。」さん。そう、あの軍団です。今もJ-POP界に脈々と受け継がれるグループアイドル文化の先駆けではないでしょうか（ビギナーなので詳しいことは各自調べてください）。私の肌感覚で言うと、ハロプロは歴史ある老舗、そして名門で、ファンの皆さんも熱くて何年もずっとそのグループを愛して、その変遷とともに人生歩んでいるみたいな、とにかく、ちょっとやそっとじゃ揺るがない帝国みたいなイメージなんです。あくまで個人の想像だけれども、5年以上ファンでないとファンと名乗ってはいけないくらいの、神聖さ。けれども、そんなハロプロさんの毎年恒例の正月コンに年が明けて早々の1月2日、私は足を踏み入れてしまったのだ…。

どうしてもコンサートに行ってみたい、と思ったのは、ある曲との偶然の出会いがきっかけだった。いつものようにコンビニでお茶を選んでいた時、私の耳に飛び込んできた驚くほど澄んだ声とめちゃくちゃ刺さる歌詞。え？ なにこの曲？ ボーカル誰？ と思いながら、いつもならすぐレジに行くところ足を止め、聞こえてきた歌詞を検索エンジンに打ち込んだ。調べるとすぐにヒットしたのが、「Juice=Juice」というハロプロのグループで、『「ひとりで生きられそう」ってそれってねえ、褒めているの？』という曲だった。今すぐにでもこれを読んでいる皆さんにYouTubeの公式チャンネルで聴いてほしいのだけれど、これがめちゃくちゃ素晴らしい曲で。歌詞もさることながら、歌声に私は完全にやられてしまった。そこからの行動は早かった。とにかくこの曲を聴きまくり、もちろんそのあとほかの曲も聴いて、これは生で聴くよりほかない、とハロプロ好きの友達にコンサートに連れて行ってもらえるよう頼む。そして、ハロプロ正月コンのチケットを手に入れたのだ！ ありがとう、友達！

そんなこんなで初めてハロプロさんのコンサートに参戦させてもらったわけだが、期待以上だった。というか、とにかく、どのグループのどの子も、一人残らず歌が上手すぎてたまげた（正月コンには、モーニング娘。'20、アンジュルム、Juice=Juice、こぶしファクトリー、つばきファクトリー、BEYOOOOONDS、ハロプロ研修生の皆さんが出ました）。みんなメインボーカルなのか？ と思うくらい、上手い。歌の上手さにも色々あると思うけど、音程が取れて正確に歌えるなんて次元ではなくて、ハロプロの皆さんはとにかく表現力が凄まじい。読者の皆さんも絶対に聞き覚えのあるハロプロの特徴的なアクセント気味な歌い方とか、しゃくりあげる歌い方とか、艶のある歌い方とか。あと、根本的に声が皆さん綺麗。歌だけでもびっくりなのに、ダンスもバキバキに踊ってくるんです…。もうプロ集団過ぎて、開いた口がふさがらないというか。歌って踊る魅せるショーとしての完成度が高過ぎて、帰りしなに全員にお年玉あげたくなりましたよ。高校生はもちろん、研修生に至っては中学生もいるんですよ…。もう新年早々、これじゃいかんなと思いました。あんなに頑張っている皆さんがいるんだから、もっと私も努力しないとって。尊敬です。「かわいいの向こう側」を見せていただきました。

私が体験したあの2時間あまりはほんの序の口で、それをもってこうして語るのはおこがましい限り。けれども、沼にハマる、まさにそんな体験をしてしまった2020年の幕開けだった。とりあえず全グループの楽曲をダウンロードしようと思ったけど、サブスクになくて残念過ぎます。

ベンゾーさんと私

「僕は綾香ちゃんのベンゾーさんだから」と言ってくれる人がいる。言われたときは私も頭の中がハテナマークで一杯になった。この〝ベンゾーさん〟というのは『キテレツ大百科』のキャラクターらしいのだが、詳しく私は知らなかったので調べてみると、ベンゾーさん（正式には勉三さん）はキテレツくんやコロ助の近所に住む浪人生で、ガリ勉でどんくささ満点なのだけど、ちょっとしたタイミングで豊富な知識や人生経験からアドバイスをくれる存在だった。

そんなベンゾーさん的お兄さんが私には付いている。と言うと、何だか意味深なイメージを持たれてしまいそうだけど、端的に言うと、私の英語の先生のことだ。英語とポルトガル語が話せる日本人。とてつもなくクレバーな方で、私には何のことだかわからないような分野の論文を出したり、本も出したりしている。平日は何だか難しそうなお仕事をしているのだけど、家庭教師のアルバイトがずっと続いてしまった、くらいのカジュアルな感じで休みの日に英語を教えているという、何とも世話好きの一面がある。そして、いつも穏やかで人の悪口を言わない人格者だ。しかも褒め上手！

そんなことより「え、英語を勉強してるの？」という皆さんの驚きの顔が目に浮かぶ。いや、そうなんです。一応２０１５年くらいから教えてもらっているから、かれこれ４、５年学んでいることになる。この程度でやっていると言うのも恥ずかしいだけなので、今まであまり言ってこなかったのです。しゃべれるようになったわけでもなく、一人で海外に行けるレベルには程遠いし、ただ、細く長く続けているだけ。最初こそ、もっと話せるようになりたい、とかちゃんと聞き

取れるようになりたい、とか思っていたけれど、最近の私はこのベンゾーさんに話を聞いてもらうためだけに、月2回レッスンの約束をしている。

このベンゾーさんとの出会いは、学生時代にまで遡る。当時付き合っていた彼氏の英語の先生だった。彼はベンゾーさんと本当に仲が良くて、実の兄のように慕っていた。ひいては、私のことも色々相談していたらしい。なんで綾香が怒っているのかわからない、とか、何をプレゼントしたらいいか、とか。私もよく彼から話だけは聞いていて、とあるタイミングで彼から紹介されたのだが、警戒心の強い私はまったく打ち解けられず、そこからは挨拶するくらいの関係性で何年間か過ごした（後にベンゾーさんが言うには、当時の綾香ちゃんがこんなにオープンマインドになるとは想像できなかったらしい）。

その後、私はテレビ朝日に入社し『ミュージックステーション』を担当することになった。ここで、絶対に使うはずないとタカをくくっていた英語を使う場面が登場するという現実を知ることになる。というのも、しばしばMステには超大物外タレが来るのだ…。私が初めてMステを担当した回にはKISSの皆さんが来た。そのあともジャスティン・ビーバー、レディー・ガガ、ケイティ・ペリー、ブルーノ・マーズ。ほかにも、何でこんな大物が来るんだろう？　というくらい、沢山の海外アーティストの方とお会いする機会があった。通訳さんが全て訳してくれるオンエア上はまだ良かった。困るのは、リハーサルのとき。頼みの綱の通訳さんはスタッフと動きの確認とか台本の打合せで大忙しで駆け回り、アーティストの方と私だけポツンと座っているなんてことが、ときたま発生する。そうすると、皆さん優しいから話しかけてくれるのだ！「昨日はロボットレストランに行ったんだ」とか、「日本のお寿司が世界一だよ」とか。私も何とかしてコミュニケーションを図りたいのだが、いかんせん英語力がついてこない。これは日本の恥だ！　せめて会話でおもてなししなければ！　と思い立ち、あのベンゾーさんに連絡をし、レッスンをしてもらうことになった。

ベンゾーさんとのレッスンはいつも「最近どう？」から始まる。たどたどしい英語で、会わない間に起きたことを話す。仕事のことももちろん話すし、プライベートのことも話す。言語が変わると不思議なもので、日本語だとやんわりオブラートに包んで言ってしまいそうなことも、直接的になる。心の中のモヤモヤした感情がどんな言葉に当てはまるのか考える動作がひとつ生まれる。日本語だったら、何だかなあ、で分かってもらえるニュアンスも、伝えるには単語を見つけないといけない。ショックだったのか、呆れたのか、はたまたイライラしたのか。少ない単語を駆使して伝えようとするから不自由さはある分、そこにはいつも丸め込んでしまうような感情が浮き彫りになってくる。ああ、私こんな風に思っていたんだなあ、と改めて振り返ることも。

あまり人に言いたくないことも吐き出してみると、少しすっきりする。悩みはもちろん、こうしてみたい、とかちょっと口に出すには恥ずかしい願いも。聞き手はベンゾーさんだ。色んなことにもがいている私をたしなめるでもなく、諭すでもなく、最後まで話を聞いて「いつも僕は綾香ちゃんの味方だ」と言ってくれる。日本語だとそんなこと言われたらびっくりしちゃうけど、英語だからすんなりと受け入れられる。私のメンタルヘルスにおいて欠かせない時間。だからレッスンをした後は頭を使ったぞ！という充実感よりも、何だか心がさっぱり落ち着いているような妙な爽快感がある。貴重な時間をいつもありがとうございます。

ちなみに、この彼が光のベンゾーさんだとしたら、もうひとり私には影のベンゾーさん的存在がいまして（本当に恵まれている！）、これはどこかで既に言っているあの人、なのだけれど。彼に関してはまた長くなるので、後日書きたいと思います。

好きな人に好きって伝える素敵な日

バレンタインデーなんて大っ嫌い。なくなればいい日ランキングがあったら、堂々の第1位だ。むしろ殿堂入り。

学生の頃はまだ良かった。友達同士で手作りのお菓子を交換しあったりして、誰々ちゃんのがおいしいとか、凝ってるとか、みんなで話をしながら食べて楽しむイベントという意味合いが強かった。けれども会社に入ってからはガラリと変わった。全然違う。何が楽しくて、職場にチョコを配らなきゃいけないのだ。ありがとう♡も、可愛い♡も言われないし、「あ、ありがと」くらいの薄いリアクションが返ってくるだけ。あの一方通行な感じ。

これを読んでいる紳士の皆さん。ホワイトデーにはちゃんとお返しを！ということももちろん伝えたいのだが、チョコをもらった時のリアクションをもうちょっとオーバーにしてみたらいかがだろうか。それだけでこっちは報われるのに。チョコもらったからって浮かれてないよ、みたいなポーズ取ってるほうがダサいよって言いたい。

とにかく、会社でのバレンタインは女子が大変な目に遭うだけの一日だ。日頃

2.14
[2020]

のお礼を込めて男性にチョコレートをあげましょう、という暗黙のルール。いや、皆さん、待ってくださいよ。私たち、平等に働いていますよ？　なんで、女子が男子に配るだけなんですか。疑問だ。むしろ、欲しい。

と思っていたって、あげないわけにはいかない。周りはあげているわけだし。私だって、それくらいの協調性と空気を読む力は持ち合わせている。現に皆さんにお世話になっているわけだし。それは否めないし。だから結局のところ、こんな風にぶうぶう内心思いながら、ちゃんと渡しているんです。こういうところは足並みそろえるタイプ。

まず、レギュラーで担当させてもらっている番組それぞれに、みんなで分けられるような小分け包装のチョコがたくさん入っている詰め合わせをどーんと。そしてアナウンス部の皆さんに対しても、他の人とかぶらないようなちょっとしたものを。最近はあえてしょっぱいものにしたりしている（バレンタイン間近のうちの部のデスクは甘いものだらけですごいことになっている！）。加えて、個人的に一緒に飲みに行かせてもらったり、相談に乗ってもらったりとお世話になっている先輩には個々にお渡ししている。

『ミュージックステーション』を担当していた時は、特に大変だった。なんてったって、番組に関わっているスタッフの人数が他の番組の比じゃない。美術さん、技術さん、制作スタッフ、合わせたらゆうに100人は超える。だから、100個入りの大きな箱を2つ、前々から予約して、前日にお店に取りに行って、差し入れしていた。とにかく重かったなあ。このMステ用とは別に他の番組用で50個入り×3箱を買った時は、もう手が痛くて泣きそうだった。包装紙に「これは義理チョコです。しかも大人数用です」とでかでかと書いてあるような簡単なものだったけれども、あれは果たしてみんな喜んでくれていたのか、今ではよくわからない。一度始めたらやめられないのが、バレンタインだ。

よって、2月になってどこもかしこもバレンタインと浮かれ出すと、ため息をつかずにはいられない。ああ、今年もこの季節か。まず、どこと誰にどれくらいの値段のものをあげるかリストアップして、値段のわりに見栄えがするものを必死に探して、何個も買う。売り場を出る頃には、熱気と頭を使ったことでぐったりしている。なんだこれ。全く楽しくない。出費もバカにならないし。あらがえないバレンタインハラスメント。個人的な話だけれども、私の誕生日にものすごく近いのもムカつく。心健やかに迎えさせてほしいのに。

本当は好きな人に好きって伝える素敵なチャンスなのだから、こんな風に思うのも嫌だなぁ。いっそきっぱりやめたいけれど、今年も勇気が出ずに何個も買いました。ちゃんちゃん。

弘中の作り置き

週に1度は自炊をするようにしている。空いた時間に作り置きをして、冷蔵庫にストック。朝食べられるときは朝ごはんとして食べたり、容器に詰めてそのまま会社に持っていき、デスクで食べる。春や秋はお弁当箱に詰めていたが、この冬は保温容器をゲットしたため、汁物にチェンジ。お味噌汁やスープ、ひいては、おでんなんかを詰めて、仕事の合間のお腹の足しに。荷物がかさ張るのが厄介だけど、始めてみるとそんなに苦じゃない。夜遅くなったときもお惣菜に頼らずに、なるべく作り置きをチンして食べる、そんな食生活を心掛けている。

なんせ、不規則な生活だ。翌週の予定も見えないし、急に仕事が舞い込むし、2日後の収録スケジュールがまだまとまっていません、なんてことがザラにある。時間も日によってかなりバラバラ。朝早く出勤することもあれば、深夜3時近くまで会社にいることもある。そうなると、もちろん食生活も乱れて、決まった時間にごはんにありつけない。外に買いに行く時間がない。となると、気づけば3食続けてロケ弁を食べていた、なんて事態を招くことになる。

このロケ弁というのが、厄介だ。そもそも「ロケ弁」というのは、どんなものか。ロケ先で食べるお弁当だからロケ弁というのだと思うのだけれど、外で撮るロケもの、スタジオで撮る収録ものなど、場所にかかわらずどの収録でもこのロケ弁なるものが支給される。言うなれば、ごく普通の仕出し弁当。コンビニで売っているお弁当よりも、もうちょっとおかずの品数が多くて見栄えがいい、けれども、デパ地下で売っているような鮮やかで心惹かれる魅力的な手の込んだお弁当とはまた違う。唐揚げやハンバーグ、エビチリや生姜焼きなど味の濃い炒め物、塩の効いた焼き鮭など、とにかく白いご飯に合うおかずが定番。というのも、制作に関わるスタッフ全員分をまるっと頼むから、カメラさんや大道具さんといった体力勝負の皆さん（食べ盛りのお兄さんたちが多い）に合わせてガッツリ系が多くなるのは自然の摂理。もちろんおいしい。ありがたい。のだけれど、毎日、しかも男性陣と同じメニューを同じ量食べていたらどんな末路が待っているのか、とてつもなく恐ろしい。

だから、せめてものあらがいで持ち込み生活を始めた。手の込んだお弁当とは言い難いので、持ち込み生活とする。調子が良くなった、とか目に見える変化はまだ無いのだけれど、無心になって人参の千切りをしたりするのは良い気分転換になる。

では、弘中がどんなものを作っているのか。聞いて驚くなかれ、作り置きのレパートリーの数々を！　まずは、定番ひじきの煮物、そして切り干し大根、きんぴらごぼう、卯の花、高野豆腐の煮物。以上。全体的に茶色っぽい、昭和なおかず。料理が得意でいつも旬の野菜の煮物を持たせてくれた母方の祖母（皮のついた筍をゆでるところから始める筍の煮物が絶品だった！）の影響で、家庭でできる和のお惣菜が大好きで、今も自分で作るのはそういったメニューばかり。三つ子の魂百までとは上手く言ったもので、とにかく、出汁としょう油とみりんとお酒とお砂糖で味付けするものしか作らない、というかレシピなど見ずに作れるのはほんとこれくらい（笑）。料理用白ワインなんていつになったら使い終わるんだって感じ。

このラインナップに、お刺身なんてあったら本当に最高！　あとは録画してあるお気に入りの番組を再生して、と。好きなおかずが並ぶなら、一人きりの夕飯も悪くない。ただ、見栄えとしてはものすごく地味〜な食卓になってしまうので、インスタにあげるのはよしておきます。

2.28

[2020]

1. (IDOL)

アイドル

推しの笑顔が見られれば

素晴らしいパフォーマンスを見るとそれまでに費やしてきた練習や努力、そしてその代償を想像して、もはや「ありがたい」「尊い」という気持ちになることが多いです。見させてくれてありがとう。演じてくれてありがとう。彼女たちは偉大です。

2. (LESSON)

習い事

トレーニングは未来への投資

パーソナルトレーニング。正直ここまでちゃんと続くとは思っていませんでした。イヤイヤでも体を動かすと、憑き物が落ちたように穏やかに寝られるところが気に入っています。今頑張れば、何十年か後の自分が感謝してくれるはず！

3. (TRAVEL & SHOPPING)

旅行&買い物

お金は使ってこそ、お金

何にお金を使うか、というのはその人の価値観をつまびらかにする。と聞いて、昔より使い方を考えるようになりました。身軽な今はとにかく色んなところに行って、知見を広げたいなと。早くまた旅行に行ける世の中になってほしいです。

弘中をつくる8のコト。

4. (FRIEND)

友達

本当の友達を大切に

友人には本当に恵まれていると思います。パッとしない学生時代だったけど一生の友達は出来た。何があってもこの関係性は変わらないだろうと思います。遠慮なし。忖度なし。結局大事なのはそこなんじゃないかって思うんです。

5. (WORK)

仕事

No pain, No gain.

学生時代は楽にゆるっと生きていきたいと思っていましたが、この職業に就いたことを後悔していません。人生の楽しみは喜怒哀楽の総量だと本で読んだからです。笑った回数も泣いた回数もカウントされるならば誰にも負けません（笑）。

6. (WRITING)

執筆

自己実現の場

普段の仕事ももちろん楽しいです。色んな人と協力して面白いものを作って。でもやっぱり伝わりきらないことや、こうじゃなかった！という反省もあって。書くことはそんなフラストレーションをスッと解消してくれる方法です。

7. (MEAL)

ごはん

メリハリつけて、ほどよく節制

おいしいごはんは心身を幸せにしてくれる。揺るがないポリシーです。人生において食の優先順位がめちゃくちゃ高い。ごはんのことをずっと考えています。外食では何も気にせず食べる代わりに家ではヘルシーに。好き嫌いが全くないのが自慢です。

8. (RESIGNATION)

諦念

他人に期待しない

対人関係でつらいときの原因の大半が他人に期待することだと思うんです。〇〇だと思っていたのに、とか。勝手に作った希望的観測なんですよね。ハードルを自分で上げて自分で引っかかってる。馬鹿らしいなってある時気づきました。

アナウンサー以外の

If I wasn't an announcer...

憧れの職業、
第1位が医師です

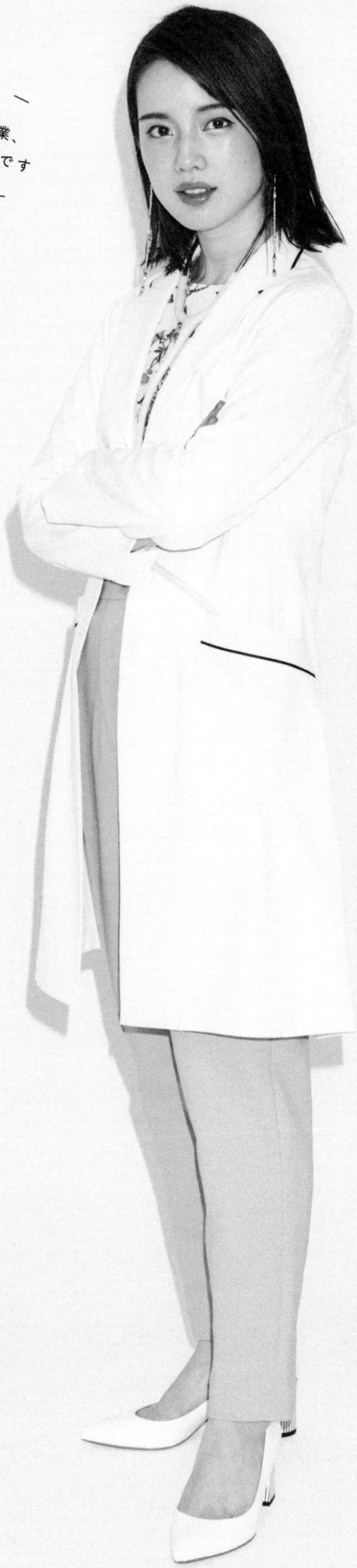

もし、アナウンサーになっていなかったら、どんな仕事をしていたんだろう？
実はひそかに憧れていた職業に、本気でなりきってみました。
思いの丈と共に、4人の弘中綾香、お楽しみください。

弘中綾香29歳。

女医

[FEMALE DOCTOR]

なんだかピリッと
身が引き締まります

薬出しときますね

憧れの職業、第1位が医師です。自分の知識や経験で誰かを助けることができるってすごいこと。文字通りの「助ける」ですからね。健康であることはすべての行動の土台になる部分ですし、何物にも代えがたいものだ、と年々実感します。特に今のコロナ禍においては、最前線で昼夜関係なく闘っていらっしゃる医療従事者の皆さんには本当に頭が下がります。使命感という言葉だけでは補えないほどの重荷がのしかかっていると察しますが、そんな中でも懸命に職務に励んでくださる皆さんの存在がどれだけ心強いか。ありがたいか。こんな時だからこそ、より強く思います。

私も医師を目指そうと思ったこともなきにしもあらずではありますが、理数系がからきしダメだったので早々に諦めました。そんな淡い夢を持っていた分、憧れが強いのかもしれません。高校時代に仲の良かった友人が医師を志し、医学部を受験するのを横で見ていましたが、心底意思の弱い私には完遂できるものではありませんでした。学校生活には楽しいことが沢山あって、周りにも自分と同じ遊び盛りのJKたちがわんさかいます。とにかく誘惑が盛りだくさん。そんな中で、よく彼女は受験を乗り越えたなと思います。最後の最後まで私たちには大変とも辛いとも言いませんでした。彼女は今、立派な医師として働いています。最近は会えていませんが、自慢の友達です。

もうひとり、学生時代の友達で美容外科医として働いている子がいるのですが、彼女にはいつも刺激をもらっています。有名クリニックで修業をしたあと、腕利きの女医として銀座の一等地に立つビルに自分のクリニックを開業しました。二重まぶたの手術ではかなり有名みたいです。現在は医師と経営者の二足のわらじで、何十人ものスタッフを抱えて奮闘しています。いつもブランド品で身の周りを固めていますが（笑）、それも彼女の努力の賜物。友人とはいえ、純粋にカッコいいなと思います。

今回はそんな身近な友人ふたりからインスピレーションを得つつ、内面から湧き出る強さや自信をメイクとスタイリングで表現しました。メイクは一度お仕事をご一緒したいと思っていた木部明美さん。くっきりストレートの眉毛と跳ね上げアイラインで目力倍増、そしてノーズシャドーで目鼻立ちもくっきりさせてもらい、自分でも驚くほどハッキリとした顔になりました…！　プロの力って凄いです！　スタイリストの細沼ちえさんにも私服とはまったく違うテイストの服を選んでいただきました。白衣の下は鮮やかな色のパンツに花柄のシャツ。華やかな服を着ると、表情まで変わりますね～。収録で着慣れているはずの白衣ですが、心なしかピリッと引き締まった気持ちになりました。

確固たる決意と自信がなければやっていけない職務だと思います。責任もプレッシャーも想像以上なはず。でもやりがいもきっと比例するのでしょう。生まれ変わったら必死に勉強します。

塾講師

[CRAM SCHOOL TEACHER]

誰から教わるのかが
本当に大事

ほら、騒がない！

学生時代に将来何になるか、で本気で考えた職業の一つです。今回変身させてもらった4つのうちでは一番現実であり得たかもしれません。学校の先生ではなく、塾の先生というのがミソです。みんなで足並みそろえて勉強しようね、というよりも、出来る奴だけついてこい！というマインド設定が合っていると思うから（笑）。

実際に私もそういったスパルタ進学塾に中学受験のために通っていました。あんなに頑張ったのは後にも先にも、あの時だけ…。自分でも褒めてあげたいくらい、毎日のように塾で夜遅くまで勉強していました。宿題もテストも多くて大変だったはずなのに、行きたくないと思ったことは、不思議なことにありませんでした。

ひとえに先生方の授業が面白かったからだと思います。個性的な先生も多かった。国語の読解や歴史の授業は、聞いているだけで自然とその世界に惹きこまれていきました。算数や理科はとっても苦手でしたが、先生の説明や一言でパッと頭の中で繋がる瞬間が毎日のようにありました。勉強もちゃんとするんだけれど、授業中はとにかくよく笑っていた思い出があります。私は先生から「弘中が分かっていたら、みんな分かっていることになるね」とよくいじられて、お返しに先生に変なあだ名をつけたり。子供相手だから、飽きないように先生も工夫していたのだと思います。

塾に行ったことで、学校で教わる以上の知識を得られました。受験も乗り越えられました。けれども、それよりも一番良かったのは「学ぶことは楽しい」ということを、身をもって経験したことだと思います。点と点が繋がって線になる感覚や、知らないことを知ることが自分を豊かにすることが分かりました。何を教わるか、というよりも、誰から教わるかが本当に大事。

そんな経験があって、自分も実際に真似ゴトをしてみたくて、家庭教師を大学生の時にやっていました。初めての生徒さんは中学受験を控えた小学6年生で、とってもシャイな男の子。毎回「うん」とか「分かんない」くらいしか話してくれなかった。でも、彼が分からないところを自分なりに頑張って説明すると「あ！」と気づいてくれる瞬間があって、アルバイトながらとってもやり甲斐を感じていたのを覚えています。大学4年間で結局7、8人の子を受け持ちました。自分で言うのもなんですが、親御さんからは結構評判良かったです。

となると、白衣を着てプレゼンをする、というのも大きく見ると、私の講師欲を成仏させることに役立っているのかもしれないな…(笑)。

成仏？　いや、まだ諦めていません。いつか、どこかで！

あの人とああなっていたら
こうだったのか…

セレブママ

[CELEBRITY MOM]

何、食べよっか〜

テレビ朝日が六本木ヒルズの横に立っているので、会社の行き帰りや移動中にこういったセレブママを見かけることがしょっちゅうあります。ヒルズには大人顔負けの値段がするような子供服のお店が入っているので、割と早めの時間の午前11時ごろにフラッとお買い物をしているところや、ランチタイムにオープンテラスでママ友会をしている様子をよくお見かけします。皆さんに共通しているアイテムは、日本では売っていないサイズ感のベビーカー、高級なブランドバッグ、とにかく素材にこだわっていそうな上品かつ仕立ての良い服と靴、そしてつばの広い帽子です。肌も髪も綺麗で、ちゃんとケアが行き届いている感じ。私の推察にすぎませんが、おそらく皆さんヒルズや周辺の超高級マンションに住まわれています。あのベビーカーで電車に乗るとは考えられないし…。もはや、ヒルズは庭なのでしょう。

すっぴんにボサボサ頭で会社に行く途中や、時間に追われて急いでいる移動中にすれ違ってしまおうものなら、もうサイアク。皆さんに罪はないんです、けれどもどうしても自分と比べてしまうというか。あふれ出す余裕オーラが眩しすぎて、自分はなんでこんなにせわしない日々を送っているのだろう、と虚しさが襲ってくるというか。愛する旦那も子供もいないし、家に帰っても誰も待っていてくれないし、何のためにこんなに身を粉にして頑張っているんだろう…などなど、堂々巡り。きっと私と年齢もさほど変わらない。どこで道が分かれたのだろう。あの時あの人とああなっていたらこうだったのか…なんて想像してみたりして、答えのない無限ループに突入します。

隣の芝生は青い、とよく言いますが、ふとした時に自分とはまったく違う状況の誰かを羨んだり、妬みに近いネガティブな感情が生まれることがあります。人間ですもの。セレブママに限らず、今だったら自分の好きなことをやって稼ぐYouTuber、個性的で才能にあふれている共演者の皆さん、はたまた悠々自適に海外で暮らす友人など、その相手は数えられないくらい（笑）。でもきっと向こうには向こうにしか分からない大変なことがあって、こちらが良く見えているところもある。相手の立場に立ってみよう。こんな風に自分に言い聞かせるようにしても、正直なところ、大変そうなことは一つ二つ見つかればいい方。想像力が追いつきません。

そんな時に気づきをくれるのは、本（ドラマや映画もしかり）。本にはまったく別の世界や状況で生きる人たちの悲喜こもごもが描かれていて、自分の生きている範囲では絶対に知りえない、物語の中の人物の感情やら行動を知ることができる。共感したり、反発したり。そしてそれを現実に持ち帰って、相手のことを想像してみる。すると、なんとなく雰囲気がつかめたりします。フィクションと言っちゃえばそうなんだけど、一助になると思うのです。

相手の立場で考えなさい、って非常に難しいと思う今日この頃です。

銀座のママ

[GINZA CLUB MOM]

自分でもなかなか
イケてるのでは…!?（錯覚）

またいらして下さいね

着物を着つけてもらって控室から撮影スタジオに出た瞬間、「おおっ」とどよめきが起きました。いかがでしょうか、わたくしの着物姿。自分でもなかなかイケてるのでは?と錯覚しています。上品な藤色に、前身頃から贅沢に桜の刺繍が何十輪も。着るとなんだか、背筋がしゃんとする気がします。この企画では何に挑戦してもいい、ということだったので、高い着物が着たい!とワガママを言って、良いものを着せていただきました。

クラブというものに何年か前に一度、連れて行っていただいたことがあります。興味があったので知り合いのダンディなおじさまにお願いして、なじみのお店に連れて行ってもらうことに。銀座のいわゆる一等地にあって、まず入ると白いグランドピアノと煌《きら》めくシャンデリアに圧倒されました。そのあと席に着いてくれた（私よりも若いであろう）女の子の細さと可愛さにもびっくりしましたが、しばらくして登場したママのオーラ!　きっちりと素敵な着物を着こなし、髪はアップでお化粧も濃すぎず、けれどもバッチリ。全てが上品。きっと立ち居振る舞いからもオーラが出ているのでしょうね。会話もスマートだし、人との距離を詰めるのが上手い…。決して馴れ馴れしいわけではないけど、きゅっと懐に入ってくる感じ。あれが愛嬌なのかなあ。

今もあるのか分からないですけど、本当は聞いちゃいけない日本を動かすビッグな話や、スキャンダラスな話を何食わぬ顔して聞いちゃう、なんてこともあったりするんでしょうね。意外と聞き役のママの意見が反映されたりして。口の堅さも必要条件になりそう。

でも、私がもしママだったら…大変でしょうね。初対面の方のお話を聞いたり質問したり、その場の空気を上手く回して楽しい雰囲気を作る、というようなことは、それなりに出来ます。そもそも私の仕事がそういうものですし、ここ数年で鍛えられた気がします。でも、気も頭もめちゃくちゃ使うし、相手によっては本当にHPがかなり削られて魂が消耗します。愛想よく、って本当に疲れますよね（笑）。ナチュラルボーンでそういった才能が備わっている人を見ると羨ましいな、と思います。私は、昔からすぐ好き嫌いや機嫌が顔に出るタイプでしたし、今でもそういう部分があって、人が沢山いる場や、広く浅く付き合う、というのは苦手です。プライベートも地味です。だから、お客さん相手の商売は向いていないだろうな…と自分で思います。

コツを盗みに、取材という名目でまた行けないですかね?（笑）

塾講師

[CRAM SCHOOL TEACHER]

ジャケット、スカート（共にザ・スーツカンパニー）、
ブラウス（ディ スティル｜全てザ・スーツカンパニー銀座本店 ☎03-3562-7637）／
眼鏡45,000円（AHLEM｜グロープスペックス エージェント ☎03-5459-8326）／
パンプス（FABIO RUSCONI｜ファビオルスコーニ http://fabiorusconi.jp/）

女医

[FEMALE DOCTOR]

ブラウス（Room no.8｜オットデザイン ☎03-6804-9559）／
パンツ19,000円（CHONO｜NECT Design ☎046-876-6403）／
イヤリング（FUMIE TANAKA｜ドール ☎03-4361-8240）／その他スタイリスト私物

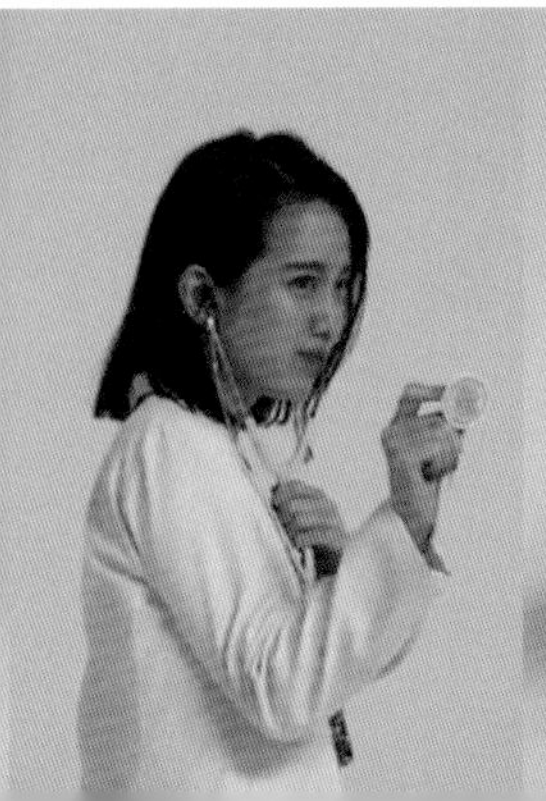

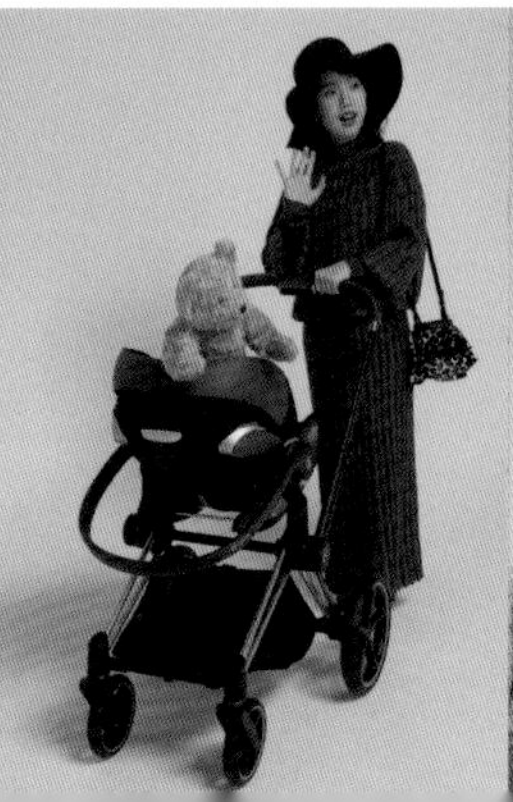

セレブママ

[CELEBRITY MOM]

トップス、スカート（共にFILL THE BILL｜シック ☎03-5464-9321）／
バッグ、シューズ（共にRepetto｜ルック ブティック事業部 ☎03-6439-1647）／
ベビーカー フレーム100,000円、シート40,000円
（共にCYBEX｜サイベックス 表参道店 ☎03-5843-0784）／その他スタイリスト私物

銀座のママ

[GINZA CLUB MOM]

着物一式（全て三松お客様相談室 ☎0120-033-330）

コツを盗みに、取材で
行けないですかね（笑）

Hanako's Memory

[PART #1]

Hanako No.1177 2019年9月28日発売号（大銀座、三都物語。）

記念すべき雑誌デビューですね。ここが全ての始まり！ 河北さんのメイクに三瓶さんの撮影…今考えても豪華すぎる！ 感謝です（泣）。

Hanako No.1177 photo : Yasutomo Sampei styling : Yumiko Murata hair & make : Yusuke Kawakita text : Mie Furuya

3.13
[2020]

インドに行ってきた　その1

「インドに行ってきた」と色んな人に言いたくて、行くことを決心した、といっても過言ではない。

「弘中ちゃん、休みどこ行ってきたの？」「私、インドに行ってきました」というのはかなりクールな回答なんじゃないか、という計算。ハワイ、とか台湾とか、そんなメジャーなところには行かず、敢えて、休みにインドに行ってしまうアグレッシブさのアピールをしたかった、のかもしれない。話のタネにもなりそうだし。とにもかくにも、29歳になってすぐにインドに行ってきた。インドに足を踏み入れるのは初めてだ。昔から行きたかったわけでも、憧れていたわけでもない。自ら計画したわけでもない。行き当たりばったり、というか、究極の便乗旅行だった。

きっかけは、ちょっとした会話からだった。相手は去年、お仕事で知り合ったAさん。Aさんは美人さんで、サバサバしていて、面白い。年齢は上なんだけど、何となく気が合うような感じがしていた。食事に誘ってもらって、年末に二人で水炊きをつつきながら何気ないおしゃべりをしていた時に、旅行が好き、という共通点が見つかった。話を聞いていくと、Aさんはクロアチアのドゥブロブニクに一人で行っていたのだ（P.32〜33を読んでほしいのだが、私も昨年女子グループで旅をして、友達がいてもすることがなくて時間を持て余してしまったのに、一人で過ごすなんてもはや尊敬してしまう）。

よほどの旅好き、そして変わり者とみた私は、詳しく旅行の話を聞いてみたところ、なんと毎年インドに行っているというではないか！　インドに行ってみたい、とはぼんやり思っていたものの、女性一人で行くのは危険だ、というイメージがどうしてもあって、なかなかハードル高く感じていた。でも、インドに行ったら人生観が変わる、と言うし、20代のうちに行っておきたい。インドに呼ばれないと行けない、なんて記述もある。そんなに仕事上で仲良くなる人もいないし、インド好きの方と気が合ったのも、何かの縁。もしかしたら私、インドに呼ばれたのかも？　そう思って、「2月だったらお休み取れるかもしれないんですけど、来年の旅行、私も付いて行ってもいいですかね？」と聞いてみると、なんとAさん、面白がってくれた。ほかのメンバーに聞いてみますね！　と前向きな答えをその場でもらう。なんでもとりあえず言ってみるものだな、と思いつつ、胸がワクワクする。

詳しく聞いてみるとAさんたち一行は、お仕事の繋がりで日本とインドを頻繁に行き来されている「ガチ勢」と、Aさん含む旅行として楽しんでいる「にわか勢」との2グループで形成されていた。女性だけではなく、インド渡航歴何十回というインドマスターともいえる男性陣、さらには、インドと日本両国をルーツに持つ方まで！　これは渡りに船、鬼に金棒もいいところ。しかも、こんな突然に部外者が参加するにもかかわらず、快く受け入れてもらえ、私はインドに行くことになった。

インドに行ってきた その2

3.27
[2020]

「インドに行ってきた」とドヤりたい、という不純な理由はさておき、とりあえずインドマスター御一行さまのツアーに帯同（という名のお邪魔）をさせてもらえることになった。

初めて行く人は私だけということなので、皆さんの足手まといにならないようにと、インドについての事前情報収集は念入りにしていこうと思った。まずは何かとアグレッシブな友達に聞いてみた。けれども、インド経験者が見つからない。「え。今年もヨーロッパじゃないの?」「インドで自分探し?」など、今までの趣向と違う選択に驚いた様子。周りからの期待通りの反応に心の中でにんまりしつつ、情報提供者を探す。

すると、かのベンゾーさん（P.42〜43参照）が出張で1週間近く行ったことがあると言うではないか。聞いてみると、「とにかく水に気をつけて！ それが歯磨きのときのうがいだとしても、ミネラルウォーターを使うように。シャワーのときも口に入らないようにね！ あと、ビオフェルミンを毎食後飲んでね！」と、なんとも実践的なアドバイスをくれた。ありがたい！ でも、ということは、蛇口から出る水道水は飲まないようにした方がいいのか…。基本的情報をもっと集めなくてはと思い、とにかく片っ端からインターネット検索してみることにした。

調べてみると、やはり水事情は芳しくない。私が行くデリーは国際線の空港もある大きな都市なのだが、それでも気をつけるべきとのこと。日本のきれいな水道水に慣れていると、痛い目を見るらしい。ベンゾーさんが言うように、口に入る水はペットボトルの水にした方がいいようだ。水だけではなく、フルーツや生野菜も気をつけなくてはとの情報が。というのも、水洗いした際についてしまう水でお腹を壊す、らしい。水滴でさえもダメージを与えるなんて、耳を疑うような情報だが、帰ってからもすぐ仕事が待っているので体調は崩せない。念には念を入れ「生もの」はすべて避けるように心がける。

また、落とし穴は、飲み物に入っている氷だということも学んだ。缶のジュースやコーラを頼んだとしても、ノンアイスにしてもらうこと。他にも女性はあまり肌を見せないようにすることや、一人で歩かないように、タクシーのぼったくりに気をつけろ、など基本的な注意事項を頭に入れる。

ベンゾーさんとインターネットにより、自分に関係するような旅の心得、知識は手に入れた。けれども、まだこれじゃ足りない。インドという国の歴史や文化、宗教観についても押さえておきたい。何も知らずに街に降り立ったときと、ちゃんと前知識を頭に入れてからの場合は、どうしたって後者の方が自分の中の気づきが多い。とはいえ、インド史なんて学んだことない。またまた検索すると、オリエンタルラジオ・中田敦彦さんのYouTubeオリジナルコンテンツ『中田敦彦のYouTube大学』でインド史の授業があるのを発見。世界史の流れも踏まえながら、わかりやすく教えてくれる。天性のプレゼン能力。旅程に入っていたタージマハールのマメ知識も含まれていて、概要を捉えるのにとてもためになった。加えて『世界の宗教がまるごとわかる本』も手に入れて、ヒンドゥー教の項目を、注意深く読む。あまりなじみのない宗教だからこそ、この機会に触れておこう。大枠はこれで大丈夫。

さあ、ぐっと焦点を絞って、より深い情報を手に入れるために旅行記を手に取る。沢木耕太郎さんの『深夜特急3―インド・ネパール―』。90年代に出版されたものとあって、2020年のインド旅行とはかけ離れているところもあるけれど、インドの持つザラッとした質感は十二分に伝わってきた。中谷美紀さんが書いた『インド旅行記〈1〉北インド編』も読んだ。この本はインド旅行を現実的に考えているすべての方にお薦めしたい。自らすべて手配して、バックパックひとつで色んな都市を回られた中谷さんだからこそ書ける、生きた情報の多さ。ガイドブックを読むよりも勉強になった。描写力を備えた瑞々しい文章もさることながら、私はスタンスがとっても素敵だな、と思った。

インドは訪れた人が好きか嫌いかに二分される、というのは有名な話だが（私は行く前からあまりの情報に、もしかしたら二度と行きたくないと思うかも、とすでに弱気）、中谷さんは旅行中も、そしてそのあと振り返って執筆されているときも、どちらの立場でもない。自分が経験したことをありのままに書いていて、清々しいほどフラット。ほかの旅行記やブログでは、最初を読めば筆者がどちらの立場かわかりやすいのだけれど、そういった主観がいい意味で全く無かった。ぜひ読んでほしい。

ああ、インドに出発する前の準備だけで長々と書いてしまった。次回は出発します！

4.9
[2020]

インドに行ってきた その3

ということで、2月某日、私は成田空港に向かった。この原稿を書いている3月末、インド政府は日本人向けの到着ビザの発行を停止している。私が旅立った頃はまだ感染は局地的なもので、どこも誰もまだどこか他人事だった。まさか世界規模での事態になるなんて、身近に迫ることになるなんて、こんな一週間先の状況も分からないような日常が訪れるなんて、想像だにしなかった。インドは呼ばれないと行けない、という話があると言ったけれど、おい、このタイミングを逃すな、と肩を叩かれていたのかもしれない。

時を戻そう。旅のお供、トランクの中には捨ててもいい服と靴、インド旅行には必需品というウエットティッシュとポケットティッシュ（どこのガイドブックを見ても書いてある！ 確かに手を拭くのはもちろん、怪しいと思う食器を拭くのにも助かった！ また、トイレットペーパーがないことがしばしばあった）。読みたい本も詰めて、意気揚々とカウンターに並ぶ。と、ここで初めてAさんの上司にあたるBさんとご挨拶をさせていただく。インドに5回以上も行ったことがあるというツワモノでいらっしゃる。そんなBさん、ものすごく大きなキャリーケースを引いている。何も買うものはないだろうと思って、機内に乗せられるサイズのトランクを持ってきた私とは、全く違う。不思議に思って聞いてみると、「インドのお土産を甘く見てはいけない！」と一言。Aさんも、お洒落で可愛い雑貨や布製品が多くて、買いすぎてしまうとの声。そんな！ うれしい予想外！ 可愛いお店はすべて押さえているというので、早くもこの二人に付いていけば安心と思う私。

そもそも一週間足らずとはいえ、面識のない人と空港で初めましてで一緒に海外に行くなんて、ちょっと前の私からは考えられない。知らずのうちに人と壁を作ってしまうような人間からすると、大きな挑戦だ。一見、社交的に見えるけど、実は仲良くなるのに時間がかかる、という性格はここ数年の課題というか、直したいところだった。居心地の良い環境だけに身を置いて、十年来の友達に甘えてばかりの私。いい大人がそれじゃいかんと、自分に自分で試練を与えるためにこのインド旅に飛び込んでみたのだが、今のところ、お二人とも受け入れ態勢ばっちり。こまやかに気を使ってくださり、私の挑戦なんてどこ吹く風。すぐになじめてしまった…。

私たちのフライトは平日の朝だったこともあって、ほとんどがスーツ姿のサラリーマンばかり。ヴァカンスモードでいるのは私たちくらいでちょっと浮いていた。目的地のデリーまでは、直行便だと9時間ほどかかる。遠いと思っていた国も「えいっ」という勇気さえあれば行けるんだな、意外に近いとすら思えてしまう。疲れていたのか飛び立つ前に眠ってしまい、起きて映画を一本見たらあっという間に到着した。

世界でも有数のハブ空港であるデリー空港の照明がやけに明るくて清潔な印象に一瞬だけ拍子抜け。イミグレで係のおじさんに「16歳にしか見えないよ！」と言われた自慢話だけ挟ませていただいて、ニヤニヤ顔のまま到着ロビーを抜けると、そこは「インド」だった。

インドに行ってきた その4

まず、暑い。到着したのは夕方で、日も落ちていたのだけれど、日本から着てきた保温インナーが余計で、長袖のシャツ一枚でちょうどいいくらい。2月は乾季ということもあって湿気は感じず、日本のようなムワッとする嫌な暑さではなかった。

次に、人が多い。空港を出るとタクシー乗り場が目の前にあるのだが、タクシ

4.24
[2020]

ー運転手とおぼしきおじさんやお兄さんが「タクシ?タクシ?」と訛りのある英語でひっきりなしに話しかけてくる。トランクを持とうとするので振り切ろうとするが、ずっとついてくる。ただ、これはちゃんと情報として事前に知っていたので、そこまで驚かずに済んだ。これについていくと、ぼったくられるらしい。事前に運賃を交渉してから乗るタクシースタンドまで、そのおじちゃんたちの猛

追を阻止しながら、Aさんたちと（P.74〜75参照）はぐれないようについていく。このおじちゃんたちは目的が明確だから良いのだが、そこかしこにたむろっている若者やおじちゃんたちは何なのか。予想がつかない。ここは渋谷ハチ公前か？と思うくらい人がうようよいた。あと、犬もそこらへんを歩いている。もちろん首輪はつけていない。ノラ犬であることは間違いない。周りの人も気に留めていない様子で、ほったらかしている。日本では考えられない光景だが、インドでは普通のことだと後々わかっていく。

タクシースタンドに着くと、これからご一緒する他のメンバーがいらっしゃっていた。皆さんは他の都市から入っているから、初めまして、だ。ご挨拶をする。後乗りかつ初見の私を、快く迎え入れてくださった！　皆さんインド慣れしているということで、またしても安心してしまう私。ここでようやくメンバーがそろい、旅が始まった。

まず、これは車検大丈夫か？　というタクシーに乗って、ホテルに向かう。すべて後々わかっていくのだが、基本的に日本で走っているようなタクシーはほぼ見ることはなく、街を走っているタクシーはどこかしらぶつけているような車が多い。道中、クラクションを鳴らす車がとてつもなく多いことに驚く。挨拶なのだろうか？と思うくらい。1分に1回は、鳴らすか鳴らされるかの世界だ。

そして、とにかく運転が荒い。車線などお構いなし、ウインカーを出すなんて皆無。ただただ、勢いだけで進んでいく。最初はものすごく怖いけど、旅の終わりには慣れて、こんなもんか、と思えたりする。

タクシーで洗礼を受けて、インドに来た実感を持つ。ホテルはニューデリーという、デリーの中でも都市計画の下、新しく整備された街にある。このあたりは道路の幅も広く、車線も多いし、緑も多い。あれ、想像していたインドと違う。もっとごみごみしているイメージだったのだけれど。ホテルに着くと、さらにたまげた。日本でも見たことのないような立派なホテル！　ロビーは吹き抜けで大きなシャンデリアがぶら下がっていて、綺麗なお花が至るところに生けられていて、クラシックだけど、モダンとの塩梅が素晴らしい。ホテルだけは良いところにしておけば、他がどんなに汚くても、心が休まるから、というインド通のみなさんの意見で女性陣だけここに泊まることにしたのだが、大正解だった。ひとまず荷物を置いて、と部屋に入ると、バスタブもあってシャワーも水圧も完璧！　もちろん、清潔！　やはり、初インド、皆さんについてきてよかった…と改めての感謝。もし、インド旅に躊躇している女性がいるとするならば、良いホテルなら設備面では問題ない、とお伝えしたい（グループ行動＆タクシー行動していたので、治安が悪い！　と思うことも今回はなかった。ニューデリーだからかもしれないが…）。

時間も遅いので、ホテルのレストランで夕飯をとることになった。レストランもラグジュアリーな雰囲気。ちゃんとテーブルセッティングされていて、メニューも英語表記。これがインドで初めての食事だったが、食べたものすべておいしかった！　東京のインドカレー屋さんで食べるカレーは塩味が強かったり、油が…と思うことが多かったのだけれど、本場はまったくそんなことなかった。ベジタリアンが多いゆえ野菜だけのメニューが豊富で、ほっこり優しい味がするものが多い。またカレーと一言で言ってしまっても、地方によって全然味が違うし、飽きるどころかバリエーション豊富すぎて、どんどん色んな種類を食べたくなる。奥深い…。サラダにもスパイスをかけて食べるというのでびっくりしていたら、明日はありとあらゆるスパイスが集まるスパイスマーケットに行こう、という話になった。そこはオールドデリーという、まさにインドらしいインドが見られる場所らしい。心高まりつつ、一日目は終わった。

インドに行ってきた その5

5.8 [2020]

夜が明けて、ホテルで朝食をとる。またこれが素晴らしく充実していた。いわゆるホテルのブレックファストで出てくるようなオムレツやらベーコンやらマフィンやらもちゃんとあるのだが、インドのローカルな朝ごはんもしっかり用意されていた。何度も言うようだけれど、ホテルだけ奮発すればデリーに関しては何も怖いものはない。お花が咲き乱れる中庭を見ながら、おいしい朝ごはんを優雅にいただく。

インド式朝ごはんの中で特に気に入ったのは、クレープのように薄く焼かれた、食感はパリパリのドーサと呼ばれるパン。ちょっぴり塩気が効いているので、そのまま食べても美味。アレンジもある。チーズと一緒に焼いていたり、スパイシーな味付けがされたじゃがいもが中に入っていたり、野菜ジャムのようなチャツネをつけるのもＯＫみたい。シンプルな味だが、後を引くおいしさだった。加えて、インドの味噌汁的存在というサンバルにも病みつきになってしまった…。酸味が効いている野菜スープで、豆やトマト、オクラなど日替わりで具が変わるのだが、ほんと毎朝飲みたいと思うほど、何だか五臓六腑にしっくりくるおいしさ、滋味深い味がする。普段朝はあまりガッツリ食べない私も、お腹いっぱいに

なるまで食べてしまった!

腹ごしらえが済んだところで、いよいよ本丸、スパイスマーケットに向かう。

旅慣れた皆さんが準備良く、現地のアプリで配車をしてくれる。このアプリが優れもので、日本のタクシーアプリのように、マップ上で乗車場所や目的地を入れられるのはもちろん、料金も事前に確定できるし、なぜか車内のBGMも好き勝手に決められる!(笑) デリーのタクシーで日本人の乗客がBTSを聞いているっていう。皆さんご承知の事実だけれども、改めて…世界はボーダレスなのです。

ちなみに、タクシーの運転手さんも含めて、インドの街中の人はほとんどが英語ではなくヒンディー語で話すので、アプリ上で場所が伝えられるのはありがたかった…。料金は日本に比べてびっくりするほど安くて(日本の料金のおおよそ2割か3割くらいかと思う)、使わない手はないはず。三輪車のオートリキシャも呼べますよ!

ニューデリーを抜けて、オールドデリーに入ると、街が様変わりした。どんどん道が狭くなっていく、と同時に、どんどん人が増えていく。騒がしさも増していき、土地やそこにいる人やモノから発せられるエネルギーがぐるぐると渦巻いているサマがなんだか肌で分かる。もし、私が1900年代半ばの東京にタイムスリップしたらこんな感じなんじゃないかって、ふと思う。車道や歩道の区別がないから、人が車の目の前スレスレを通ったり、オートリキシャやオートバイが車と車の間を、煽り運転さながら盛大なクラクションを鳴らしながら走り抜けていく。と思うと、牛が道端で座っていたりする。しかも何頭も、悠然とした面持ちで。私たちが目的とするスパイスマーケットはオールドデリーの中でも最も混みあっている地区らしく、ある程度までタクシーで行ったら、小回りの利くリキシャに乗り換えないと道に入っていけない。どこもかしこもごった返していて、歩いたほうが早いんじゃないか、とも思うけど、歩いたらすぐに轢かれそうで降りられない。

クラクションと喧騒でおっかなびっくりしながら、やっとの思いでスパイスマーケットに着くと、見渡す限り目新しいもので埋め尽くされていた。これです、これが、私の想像していたインド。カオスというのか、エネルギーのるつぼ。とにかく、ごちゃごちゃとしている。通りに肩を寄せ合うようにズラーッと小さな露店が連なり、行き交う大勢の人に向けて色とりどりのスパイスが山盛りになって並べられている。軒先から軒先へと渡っている電線は手が届きそうなくらいまで垂れ下がっていて、空でさえ近く感じる。店と店の間にチャイを作って売っている屋台(これがとても濃厚でおいしかった!)なんかもあったりして、色んなスパイスの香りが混じりあって、そこら一帯に漂っている。嗅覚、視覚、聴覚、あらゆる感覚にそれぞれが一斉に訴えてくる場所だった。僕はここにいる!って。これは、東京や、ヨーロッパ、アメリカでは感じられないかも。粗削りで、あそこにしかない空気であり、雰囲気で、景色。

ほんのちょっと歩くだけで疲れるし大変なんだけれども、おそらく私はあの風景に会いに、また訪れてしまうと思う。そんな魅力が詰まった場所だった。

インドに行ってきた　その6

3日目はBさん（編集部注：今回のインド旅に同行させてもらった旅好きAさんの上司で、インドに5回以上も行ったことがあるというツワモノ）の提案で美術館に行こうという話になった。美術館と言っても、絵画や彫刻ではなく、布や

5.29
[2020]

工芸品が展示してある美術館だ。インドと言えば綿織物だろう、と大抵の方はピンと来るかもしれないが、恥ずかしながら私は不真面目な学生生活を送っていたため、インドで布？　はい？　という感じだった。しかも布の美術館なんて何を飾るの？と思いながら行ったら、驚いた。この国は本当に予想を超えてくる。

展示されていたのは、気が遠くなるくらい細かな刺繍がされた大きなタペストリーや美しい装飾がなされたサリーの数々。冴え冴えとしたエメラルドグリーン、赤やピンクなど鮮やかな色をした生地に、ビーズや金糸でかたどられたモチーフや花柄が躍る。あまりの細かさに展示ケースとおでこがぶつかるくらい顔を寄せて見入ってしまう。この5センチ四方にどれくらいの時間と労力がかかっているのだろうと思うと、ため息が出る。生地ももちろんだが、ガーグラチョリーというトップスとスカートに分かれた服（ベリーダンスの衣装みたいな感じをイメージしてほしい）は、体のラインを綺麗に見せるためのカッティングがとっても上手にされていて、ものすごくなまめかしい。トルソーじゃなくて生身の人間が着てダンスしている姿を見たいなあ、と思ってしまうくらい。はるか昔から「布の宝庫」とヨーロッパに言わしめたインドに脈々と受け継がれている技術の高さ、ここにあり！という感じだった。

面白かったのは、地域によって染色の仕方も違えば装飾に使われているものや織り方も違って、まったく味わいが変わるところ。日本で言う西陣織のようなうっとりしてしまう鮮やかで豪華絢爛な布もあれば、ヤギか羊か分からない動物が刺繍されている何とも味のある素朴な布もあったりして、千差万別。

幾万通りものカレーがある食文化もしかり、この国の気持ちよさはこういった多様性だったりする。ひとくくりにカテゴライズ出来ない。ひとつの国に多民族・多言語・多宗教の人が入り交じっているから、隣の人と見なりが違うのも、文化が違うのも、はたまた考え方が違うのも、当たり前。それが普通。人と自分が違うことを、おそらくこの国の人たちは、空が青い、と同じような感覚で受け入れている。受け入れる土壌がそれぞれにある。ドメスティックな価値観でがんじがらめの世界から抜け出そうと必死な人から見ると、それがどれだけのギフトであるか。私も持ち合わせた人でありたいけど、こう思っている時点で無意識には出来ていないことが皮肉にも証明される。日々、努力するしかない。

美術館を出てすっかりメイドインインディアの布に首ったけになってしまった私たち一行は、興奮冷めやらぬままお土産を買いに行くことにした。道中、Bさんがなぜあんなに大きなキャリーケースで来たのかを理解することになる。ブロックプリント（布に手彫りの木版で柄をつけていく。ハンドメイド感がたまらないのと、いかんせん柄がめちゃくちゃ可愛い）に魅せられてしまった彼女は、以前クッションカバーを7個携えて帰国したことがあるとのこと！　布製品は可愛いけどかさ張るということで、余裕をもって大きなバッグで来たという。いやいや、さすがに、と話を聞いているときは思った。けれども、連れて行ってもらったお店に入ってみたら、もう、アドレナリン大爆発。獲物を求めて、目がランランと光りだす。コットンだから洋服はとにかく着やすそうだし、ベッドリネンは肌触りがいい。夏に活躍しそうなワンピースや派手可愛いパジャマ、お土産用のトートバッグやポーチなどを爆買いした。一つ一つが日本よりもずっと安いので気軽に買えてしまうのも嬉し恐ろしいところ。その流れでインテリアショップにも行って、クッション3つとベッドカバーも購入。何も買うものはないだろうと思い込んでいた自分を深く反省する。

インドには本当に何度も裏切られてばかり。いい意味で。

6.12
[2020]

インドに行ってきた　その7

インドで思いつく一大名所といえば、やはり世界遺産の「タージ・マハル」だろう。皆さんも写真で一度は見たことがあるはずの、白く悠然と立つ美しい霊廟。計算されたシンメトリーが荘厳かつ気品を漂わせている。ミーハーな私が同行の皆さんに一つだけリクエストしていたのが、ここに行くことだった。調べるまで全く知らなかったのだけれど、タージ・マハルがある場所は私たちが泊まっていたニュー・デリーからは車で3〜4時間と結構遠い。アグラという市に位置している。往復するだけで半日かかるので、皆さんの貴重な一日をいただいて、〝タージ・マハルデー〟を設けてもらった。

移動時間がかかり、かつ、世界中から観光客が押し寄せるため午後は混んでいるということで、車をチャーターし、早朝にホテルを出発するプランになった。これも全部私はついていっただけで、業者選びからドライバーさんとの連絡まで全てやっていただいたという、いい歳して本当に「おんぶにだっこ」である…。

朝は6時すぎにロビー集合だった。大好きなホテルの朝食ビュッフェがちょうど6時にオープンするということだったので、あんなおいしいものをスキップしてはいけない、とどこまでも食い意地が張っている私は、朝ごはんも短時間ながらしっかりいただく。ああ、思い出したらまたあのラッサム（インドのお味噌汁的立ち位置の酸っぱいスープ）が飲みたくなってきた（東京で飲めるお店あるのかな）…。腹ごしらえも完了し、車に乗り込む。日本車だった！ こういうときにホッとする自分に唐突なアイデンティティーを感じる。街を走る車と違って、乗り心地も心なしかいいように感じた。

ニュー・デリーを出て高速にのり、アグラを目指す。ひとたび街を抜けると、だだっ広い土地に囲まれた一本道がひたすら続くばかり。車の揺れも相まってすぐに眠ってしまった。高速でもウインカーを出さずに車線変更をするのには驚いたけれど…。

タージ・マハルに近づくにつれて街が騒がしくなってくる。年間を通して観光客がひっきりなしに訪れる一大観光名所ということもあって、ツアー会社や飲食店も多い。近年、押し寄せる観光客の車の排気ガスによって真っ白なタージ・マハルの景観が損なわれているらしく、車で行けるエリアが決まっている。ここからは電気自動車か徒歩、というようにボーダーが引かれて、必ず車は停めなくてはいけない。車を降りると、公式ガイドであるというIDカードをぶら下げた沢山の人が「ガイド？」と、まるで新宿のキャッチおぼしく声をかけてくる。けれども滞在数日にしてインド人のしつこさに順応してきたので、特段気にすることもなく、またやってる、くらいで済ませられる。横目で流すのみだ。水やお土産ものを売ってくる人たちを交わしつつ、私たちはタージ・マハルまで歩くことにした。まだお昼前、しかも季節は乾季の2月なのに、差し込む太陽の光が強く、汗をかくくらいだった。

やっとの思いで入場ゲートにつくと、入念な荷物チェックがあり、ペットボトルの水と靴カバーが手渡される。こちらも大理石で作られたタージ・マハルを汚さないための方法である。何もかも大らかで無頓着そうに思えたインドで唯一こまやかな気配りを感じた瞬間といってもいいかも。入口を入って一番に目に飛び込んでくるのは巨大なメインゲート。門といっても、いわゆる漢字の「門」そのままの形、例えばフランスの凱旋門のような、でん、とした威圧感のあるものではない。温かみのある赤茶色の砂岩で出来ている。そこに、赤やオレンジ、緑の宝石でお花の模様を描き出した白い大理石が埋め込まれている。塗り絵のお手本のような、色のコントラストが美しい表情を付ける。綺麗な曲線を描くドーム状の大きな吹き抜け、角の生えたメレンゲのお菓子みたいな形の塔がいくつも並んだ屋上など、頭の先からつま先までどこをとってもメンテナンスが充分にされている裕福なご婦人のような、優美だけれど、どっしりとした芯のある包容力を感じる。

それもそのはず、というか、私はすでに背景を勉強していったからそういった印象になってしまっているのだが、ここで説明しますと、このタージ・マハルには「世界一美しい霊廟」といわれるだけの愛に満ちた美しいストーリーがあるのです。

気になるその物語については次回に。

インドに行ってきた　その8

さて、〈タージ・マハル〉が持つ美しい愛の物語とは。私はこういう風に聞きました。

その昔、17世紀に当時の王が愛してやまないムムターズ・マハルという王妃がいた。仲睦まじく愛し合っていた二人だが、妃は病気になってしまう。もう長くはないと悟った妃が病床で王に二つお願い事をした。一つは私の死後に妃を取らないで、ということ。もう一つは美しい霊廟を造り、それを見る度に私を思い出してほしい、ということ。闘病も空しく王妃が亡くなってしまった後、王はその二つの願い事を守り、長い歳月をかけて愛する人のため、莫大な費用と職人たちを集めてタージ・マハルを造ったという（作り話か実話かは、まったく分からない）。

荘厳かつ雄大、だけど温かみがあるのは、これが愛によって造られたものだからなんですね。「わあ、やっぱり愛する人と結ばれて結婚するって素敵なこと。死が二人を分かつとも、なお思い合っているなんて…。私もそういう人見つけたいな～」なんて思いました、ちゃんちゃん！と、なると思ったら、大間違い。私がそんなタイプだと思っているひとは、まだまだ私のことを分かっていないな、と思う。ぜひこの連載を第1回から見直してほしい。

もちろん、そんな風に思えるのはとっても素敵なこと！なんだけど、いつしか心が曇ってしまった私の感想は「まじかよ、妃。自分がいなくなった後でさえも、王を縛り付けるのか…」でした。現世とあの世を超えた、王妃から王に対する束縛に引きました。

ここからは、愛を知らない可哀そうな人だと思って読んでください。実際、結婚したことないし、正直、妃のリクエストはまったく理解できない。私がこの世からいなくなっても、ずっと思い続けてっていうのは、さすがにエゴではありませんか？　だって、残された人はそれからの人生もあるわけだし、いつまでも縛っておくわけにはいかないでしょ…と思ってしまう…。でも本当に愛していたら、そうなるのかしら。とはいえ、国が傾くくらいのお金と何十年という月日をかけて造らせるってそれってどうよ。う～ん。答えは出ないし、正解もないですね。

そんな斜に構えた心持ちで見ても、タージ・マハルはものすごく綺麗だったから、本当に正真正銘のホンマもんだと思います。でーんと真正面にタージ・マハルが見えたときの気迫というか、発せられるオーラというのが自信に満ちているように感じられたのは、きっとこんな逸話を聞いたからかもしれませんね。悶々と悠久のかなたに思いを馳せながら、タージ・マハルを見て回り、その後アグラ城というお城にも行くことになった。このアグラ城にも、先ほどのストーリーがついて回る。

王があまりにもタージ・マハル造りに入れ込んでしまったため、国が存続の危機に陥ってしまった。そんなタイミングで次の実権を握ったのが息子。息子は父をタージ・マハルが窓から見えるアグラ城の一室に幽閉し、何年も父はそこから出られることなく、ただただ自分の造ったタージ・マハルを見るだけの晩年だったという。あまりにもロマンチックすぎる人生だ。そんな王が使っていた部屋と眺めていた窓が辛うじて残っていて、アグラ城に行ったら王と同じようにタージ・マハルを見ることが出来る。正面というよりは、裏から斜めに見る感じなのですが、絶妙な距離でなんだかさすがの私でも少し切なくなりました。

そんなストーリー込みで、インドに行ったら必ず行ってほしい場所。皆さんにはこのロマンチックでちょっぴり切ない建物がどう見えるだろうか。

6.26
[2020]

インドに行ってきた　その9

7.10
[2020]

こんな風にインドに行ってきたことを方々で言っていると、「ふ〜ん、で、人生変わった？」なんて聞いてくる人がいる。多くの人がイメージするように、ガンジス河に行って、色々なモノが流れている（らしい）カオスな環境の中、決死の覚悟で沐浴して死生観が変わりました、とか、自分探しができた、とか、そんな答えを期待しているのかもしれない。まあ、普通そう思う。私も行く前は、というか今回の旅行が決まってインドについて詳しく調べるまでは、大半の人が人生を変えるために行くボーナスステージだと思っていた。

ところが、帰国してふと私の中の何かが変わったか、と考えてみても、さっぱり思いつかない。本人でさえも、いささか肩透かし感がある。いや、もちろん見たもの触れたものすべてが新鮮で、私の何らかに刺激を与えていることは間違い

ない。初めて足を踏み入れたことで、インドに対して持つ印象は大きく変わったし、抱いていたイメージとの違いに驚くことも多かった。今はまだ何も変わっていないように見えるけれど、それが私の中でいつか芽を出すだろう。これからどんな風に私の生き方に作用するのかは、お楽しみ、という感じだ。

ということで、人生観や性格は全然変わらなかったのだけれど、勇気を出して行って良かった！と声を大にして言える。まあ、正確には、勇気を出してというか、流れに身を任せてホイホイと付いて行って良かった。快くいいよ！と迎えてくれたインドマスターの皆さんがいなかったら、一生行かなかったと思うし、こんなに良い思い出ばかりの旅行にはならなかったと思う。見知らぬ小娘を受け入れてくれたことに、本当に感謝！　いつも同じメンバーでつるみがち、いつも同じ場所に行きがち、変化を好まない私にとって、素敵なスパイスになりました。

この時代に生きる私たちは、どんな知らないところでも、遠くでも、数えきれないほどの写真でその場所を見ることができる。ネットで検索するだけでおびただしい情報に触れることができる。まるでそこに行ったみたいな動画だってすぐに見ることができる。色んな情報を、端的に、時間をかけずに、スムーズに吸収することに慣れてきた。だから、度々それだけですべてを知ってしまった気になってしまう。

けれどもやっぱり、どんなに時間がかかろうと、その場所に赴いて、自分の体、感覚でその場所を感じ取ることは格別。移動することができない今の状況だからこそ、その価値が骨身に沁みるようだ。

これをもって、図らずも長編になってしまったインド旅シリーズはひとまず終わり。次はいつどこのシリーズをやろうかな。

わたしと運動

7.24
[2020]

長いようで短いこれまでの人生を振り返ってみても、今が一番体を動かしていると断言出来る。

自ら進んで運動をしているなんて、昔の自分が聞いたら腰を抜かすかもしれない。前にこちらで書いたかもしれないが、私は小さいときから大がつくほど運動が苦手だった。ドッジボールはいつも最初に当てられて、すみっこで時間をつぶしていただけだったし、跳び箱は一度も飛べたことがない。出来ないからこそ大っ嫌いで、体育の時間はいつも苦痛だった。徒競走はいつもビリで、運動会になるとお腹が痛くなって2回休んだ。部活はもちろん文化系。オーケストラに入って、中高合わせて6年もの間ヴァイオリンを弾くというめちゃくちゃインドアな放課後を過ごしていた。

そんな私が今や、週2回ジムに通ってトレーニングをしている。仕事の合間を縫ってパーソナルトレーニングでみっちり筋トレをして、加えて最近ではピラティスにも通い始めた。あんなに運動が嫌いだったのに。こんな未来、想像出来なかった。

運動をするようになったきっかけは、様々ある。久しぶりに測った体脂肪率の高さにびっくりしたから、というのもあるし、気合だけでは越えられない体の色んなガタを食い止めるため、とか、これから5年後10年後の自分のプロポーションを見据えて、とか理由をあげればキリがない。けれども何が私を突き動かしたかをあげるとするならば、強迫観念かな、と思う。

雑誌を見れば、モデルさんはもちろんのこと、読者モデルと呼ばれるようなキラキラした方たちがアフター6にはヨガやランニングをしていると書いてある。お腹が見えるトレーニングウェアや、脚の形がありありと分かるスパッツがよく似合うこと似合うこと。テレビでも同様、巷に流れる有名人の密着映像には必ず、自分磨きの時間がつきもの。体型維持のための涙ぐましい努力をまざまざと見せられる。あんなに忙しいのに、時間がないことを理由にしていないんだ…。ああ、このままじゃいかん、私もやらなくては…！と、目や耳から入ってくる「意識高い人は運動やっているよ」プレッシャーに屈してしまったのだ。

始めようと意気込んだのは良かったのだが、習慣として定着するまでが大変だった。人間はどんなことも21日間続けると習慣になる、なんてこの前テレビで聞いたけれど、まず21日間続けることが不可能だった。

最初は、会社の福利厚生で安く通うことが出来る会員制の大型ジムに通った。ここにある器具をなんでも自由に使ってください系の一般的なジム。テレビを見ながら軽く走ったりとか、バイクを漕いだりとか、ちょっとマシーンで筋トレしてみるとか、していたのだけれど、まったく効果が出なかった。というのも、あもう辛い、とか、今週は忙しかったからもういいや、とか、とにかく言い訳を付けて、甘えて、気が付くと今月一回も行っていないなんていう始末。月会費をドブに捨てているだけだ、と、すぐに辞めた。

そこから運動自体が楽しくなければ続けられないのではないか?と思い、暗闇フィットネス系、ホットヨガ、ランニング、と一通り試してみた。けれども、どれも長くは続かなかった。周りと同じ動きをしているのになぜか私だけ違う、みたいなことがあったり、体力が追いつかなくて流れから遅れてしまったり、学生時代の悲しい過去が蘇ってくる。やっぱり私に運動は向いていないな、と思っていたときに、紹介してもらったのがパーソナルジムだった。

パーソナルジムと出会えなければ、この先もずっと体を動かすことの楽しさや爽快感を味わうことはなかっただろう。これもまた断言出来る。

（そんなパーソナルジムについてはまた次回！）

思わぬ意識改革

パーソナルジム。響きだけでハードルが高い。私なんかがトレーニングを見てもらうなんて、とてもとても恐れ多いと思っていた。ある程度トレーニングをやってきた人がより自分を追い込むために行くような上級者向けのイメージがあったし、出来ないことばかりの私は呆れられてしまうんじゃないか、と怖気づいていた。でも、色んな種類の運動を試して全部続かなかった私にもう残された道はない。恐る恐る門を叩いてみたところ、そんな不安はすぐに解消された。むしろそこで出会ったトレーナーさん達に、体作りはもちろんのこと、メンタル面に関しても、良い刺激をもらうことになった。これは思わぬ、素敵な誤算であった。

最初のカウンセリングで、「私、とにかく運動神経が鈍くて、昔から苦手意識があって…」と伝えると、「トレーニングに運動神経は必要ないんです。反射神経も必要ありません。必要なのは、根気です。地道に続けることです。前回の自分を越えられるように努力することです。それがわずかでも、成長していることに変わりはないです」と言う。

この考え方は新鮮だった。私にとって運動するということは、いつも能力の問題で、他の誰かと比べて出来る、出来ない、上手い、下手、と勝手に自分が人よりも劣っていると判断して、負け試合はやりたくないと逃げていた。でもこの考え方に立つと、誰かと比べるのではなく、努力した分の自分の成長を楽しむものなのだ、と気づく。よくよく考えてみたら、楽器の練習では同じように出来ないところからコツコツと努力することをやってきたはずなのに、運動だけはなぜか最初から見込みがない、と諦めてしまっていた。いきなり意識改革が起こった私。マンツーマンで見てもらえるということもあって、出来ないことを恥ずかしく思うことよりも、それが自分の伸びしろだと前向きに思うことが出来た。

出来ないことも地道に続けていると、意外にも身体は応えてくれる。出来なかったことが出来るようになることって、こんなに充実感を与えてくれるんだ、と気づく。かなり長い間忘れていたこの感覚。子供のころはそれが頻繁に起きていたのに、大人になると途端になくなってしまう。先週より、昨日より、ごくわずかでも成長しているという実感。10回が限界だった足上げ腹筋が12回出来るようになったり、最初は軽いウエイトだったのが少しずつ重いものもあげられるようになったり、そんな小さなことでも、分かりやすく数字に出るのも自信をくれる。仕事は成果を数字だけではなかなか測れない分、成長具合を実感することが難しいから、時に迷ったりブレたりするけれど、トレーニングは単純明快。サボれば出来なくなるし、頑張ればいつか絶対出来るようになる。なんだか筋トレにハマる気持ちも分かってきた。

とはいえ、まだまだビギナーの私。2歩進んで3歩下がるなんてときもあるけれど、焦らず自分のペースで続けていきたいと思う

8.14

[2020]

テレワークスタイル

8.28

[2020]

いま、私は月に3本の連載をさせていただいている。このHanako.tokyoに月2本、あと雑誌『ダ・ヴィンチ』に月1本。あまりそう思われないが、心配性というかビビりなところがあって、大体締め切りの1週間前には、担当の方に原稿を送るようにしている。早めに準備するようにしているのでたいてい遅れないのだが、本業の収録やら、色んな仕事が立て込んだりすると、休日返上で一日中パソコンに向かってひたすら原稿を書いているなんて日もある。

昔は、仕事終わりなどの空いた時間に、会社のデスクで適当な音楽（クラシックのことが多い）をヘッドフォンで流して、周りの音をシャットアウトしながら書くことが多かった。テレ朝のアナウンス部はフリーアドレスで、自分のデスクがあるわけではなく、空いている席にどこでも座っていいことになっている。けれども、それぞれ自分の番組のスタッフルームで作業をしていたり、収録や取材に出ている人が多いので、そんなに混むことはない。いつも4、5人いるかいないかだ。静かで安全で快適。ときどき電話がかかってくるが、年次の低い＝若い子が取次ぎをすることになっているので、もう8年目の私は電話をとる必要もなく、集中するには何の問題もない環境だった。

しかし昨今のご時世で、私たちにも「時短」の風潮が訪れている。仕事が終わったらすぐに帰る、部に用がないときはスタジオ直行直帰、ノートパソコンを渡すので家で出来ることは家でやってください、という方針が言い渡された。密を避けるための策、だそうだ。必要かつ、効果的な対策だとは思うのだが、原稿を書かなければいけない私にとっては、「どこで作業を進めるか」という問題が出

てくる。昔からそうだったのだけれど、私は外で集中することが出来ない。学生時代は、スターバックスやファミレスでテスト勉強をする友人たちが信じられなかった。BGMが大きかったり、周りの人の会話が聞こえたりする場所だと、どうしても気が散ってしまって勉強することが出来ない。だから、いつも家の自室もしくは図書館で勉強していた。これに関してはいまも変わらず、お洒落なカフェでカタカタとキーボードを叩いてデキる人を演出したい気持ちはあるものの、力及ばず叶わない。

というわけで、原稿を書けるのは自宅しかない。といっても、都内独り暮らし会社員の部屋に書斎なんてものがあるはずもなく、かといってパソコン用のデスクを置いているわけでもない。机といえば、リビングにあるダイニングテーブルとも呼べないくらいの小さなテーブルだけだ。しかも、可動式で高さが変えられるというのが気に入って借りたのに（家具はシェアサービスを利用中）、組み立てが悪かったのか、低めの位置で固定されてしまっている。でも、この机でやるしかない。

と、ここでとっても重宝しているのが、友達にもらったヨギボーの「トレイボー」というもの。木のトレイの下に、ヨギボーのクッションがついている。本来は膝の上にこれを置いて、パソコン台にしたりテーブルにしたりするのだ。私はそれをダイニングの上に置いて、その上にパソコンを置く。するとちょうどいい高さになって、ずいぶんとやりやすくなる。2月の誕生日にもらったときは、正直どこで使おうかな〜と思っていたのだけれど、ここに来て大活躍している（本来の使い方じゃなくてごめんね、トレイボー）。

ただ、自宅での作業はオンとオフの切り替えが難しい。ついさっきも、ちょっと一本書き終わったから、と思って録画した番組を見たら、あっという間に日が暮れてしまった。1時間前はソファの配置が気になって、模様替えをしてしまった。作業の進みは会社でやるよりも遅い。

テレワークで慣れない環境に戸惑っている皆さま、ここにも同士がいますよ。

蛍光灯の誘惑

9.11 [2020]

テレワークになって慣れないという話を前回したのだけれど、私にはもうひとつ、この新しい生活様式に変わったことで、まだ追いついていない部分がある。ストレス解消法だ。以前の私は、仕事でもプライベートでも、何か嫌なことや大変なことがあると、決まって誰かを誘い、ごはんや飲みに行っていた。相手は、友達や会社の先輩や同期たち。自分の心の負担になっているものそのものの話を聞いてもらうこともあるし、はたまた、ただただお腹いっぱいおいしいものを食べ、お酒を飲んで酔っ払って、発散して、気持ちを切り替えることもある。とにかく私にとっては、気の置けない友達と会って、他愛ないことをぺちゃくちゃおしゃべりすることが一番のリフレッシュ方法だったのだ。

けれども、こんな世の中になってしまって、その最高にして唯一の方法が以前のようにおおっぴらには出来なくなってしまった。どこでどのシーンを何と言われるか分からないし、第一に、自分が感染するリスクを少しでも減らすためにも、今はそういった機会をもつのは控えた方がいい、という自己判断をしている。私は、仕事場で沢山の人と会うことを避けられない。もちろん、みんな万全の対策をしているけれども、ずっとテレワークをしている人と比べたら、圧倒的に会っている人の数は多いし、万が一、自分が感染したときの影響を考えると、ゾッとする。そんなこんなで、仕事終わりはほとんど直帰。時間とやる気があったときに仕込んだ作り置きのおかずか、お肉と野菜を煮たり焼いたりしただけの名前すらない料理を食べる。一人でもくもくと食べていると、すぐ食事が終わってしまう。あっけなくて満足感もない。結局物足りなくて、冷凍庫に買いだめしてあるアイスに手が伸びてしまう。お酒は一人で飲んでもおいしくないので、家ではまったく飲まない。何だか気持ちを切り替えられないまま、ベッドに入る。こんな日は寝つきが悪かったり、眠りが浅かったりするから、翌日も引きずってしまったりして、これじゃあダメだなあと思うばかり。こんな日が続くと、モヤモヤが溜まっていく。ずっと膨らんでいくのか?と思いきや、私の場合、なぜかそれが深夜のコンビニで大爆発するのだ。

仕事終わりで疲れていて、お腹も空いていて、いつもの簡単なものすら作りたくないとき、コンビニに吸い寄せられるかのようにスーッと入ってしまう。あの煌々《こうこう》とした蛍光灯の光がいけないのか、あの何とも言い難い、ココには何でもあるという安心感がいいのか。甘いもののコーナーに目がくらみ、いつもなら買わない、どう見たって高カロリーのケーキやプリンを手に取ってしまう。今日も頑張ったし、これくらい。と言い聞かせながら、ひとつ手に取るともう歯止めが利かなく、自分へのご褒美のオンパレード。チンするだけでいいパスタやグラタン、

明日の朝ごはん[illegible]い甘いパン。何もかもおいしそうに見えてきて、気づいたらもうカゴがいっぱいになっている。幸せなのは、それを持って帰るとき。袋にいっぱいの食べ物を家に持って帰ってきて、テーブルの上に並べると、何だか「やってやったぜ！」という感じがする。誰への感情なのか、さっぱり分からないけれど。そして、いとも簡単にペロッと食べてしまう。最近のコンビニのごはんはおいしい。正直、私が作ったものよりもおいしい。けれど、幸せなのはここまで。食べ終わったあとは、大量のプラスチックごみを前に罪悪感でいっぱいになる。せっかくジムに行ったのに、とか、糖質を我慢しているのに、とか、みなさんはこんなこと絶対しない、とか（あくまでも年中ダイエッターの私から見ての視点なので、過食症とかではありません！　ご心配なく!!）。

食事は何を食べるか、ではなく誰と食べるか、とはよく言ったもので、何となくしていたことが私にとって本当に大切なことだったんだ、と気づく。とりあえず今は、コンビニ爆買い爆食以外のストレス解消法が欲しい…。

胸の中にあった仮説

9.25
[2020]

友人が持っていた占いの本でハッとするような結果が出た。

占いも数多くの種類があるが、それは「数秘術」というもの。生年月日の数字をルールにそって色々計算すると出てくる数によって、1の人、2の人、と分けられ、1の人はこんな性格で、相性が良い数は何で、など色々なことがそこから分かるらしい。そんな何種類かのパターン分けで本当に当たるのかな？と半信半疑の中（こういった占いというもの全般を信じていないというわけではなく、むしろ好んで見てもらう方だ。それゆえ、もうちょっと細分化しないと当たらないんじゃないの？という見方である）、友人に言われるがままに計算してみた。すると、7という数字が出てきた（細かく言うと3つ数字が出てきて、そのどれもが私に関係しているのだが、とりあえずここでは私の現在に関係している数字を1つだけ挙げる）。ラッキーセブンじゃん、いいこと書いてあるかもね？と喜んだのも束の間、7の人の性格というページを開いてみると、驚いた。なぜなら、私の中でずっとモヤモヤしていたことが1行目に書いてあったから。

それは、「人と人とは分かり合えないという諦念を持っています」という、なんとも非情な一文。だが、ピンとくるものがあった。モヤモヤしていたものが言語化されたことによって、クリアになった感じ。私の中には、いつからかその考えがあった。考えというか仮説レベルで、もしかしたら人と人は本当の意味で分かり合うというのは難しいのかもしれない…とかねてより思っていたところがある。私には本当にお互いに分かり合えたという体験が今までに一度もないし、ここまで生きてきた自分の性格をよく知っている分、これから先もそんなチャンスが訪れるとは思えない、と。

自らの名誉のために言えば、友達がいないわけではない。周りの人と上手く関係を築けていないわけでもないと思う。多くはないが、何か私が悩んでいると言えばちゃんと時間を作って話を聞いてくれる人はいる。けれども、そんな風にありがたく私に手を差し伸べてくれる相手であったとしても、心の奥底では「どうせ話したって…」と諦めている自分がいるのも事実だ。実際に話しても、最初だけであとは言葉を濁してしまうことが多い。重要だったり深刻だったりすればするほど、話せなくなってしまう。もっと近い距離の人に対してもそう。というか近ければ近いほど、打ち明けることが出来ない。弱さをさらすのが恥ずかしいのか、臆病なのか、はたまた高慢なのか。理由は自分でも分からなかった。

そうは言っても「人と人はぶつかり合えば、分かり合えるんだ！　とにかく話し合おう！」みたいな考えの文化には少なからず触れてきたわけで、「あの人だけは、私のこと理解してくれている」「これだけ分かり合えるのは、君だけだ」とか言うドラマや映画も沢山見てきた。そしてもちろん、分かり合えた方がいい、とも思っている。だから自分には、そのオンリーワンに出会っていないだけ、とか、そこまで誰かと深く話したことがないだけだ、と言い聞かせて、その胸の中の仮説を信じないようにしていた。加えて、その真偽を人に確認するのをためらってもいた。「人と人って分かり合えると思う？」と聞いて、「え？　病んでるの？」とか思われるのが怖くて。

でも、この本には私が持って生まれた数字がこういうものだ、と書いてある。私個人が持つキャラクターではなく、数字のせいなのね！　環境が作り出したものではなく、生まれ持った運命的なものだったのか…、だったら仕方ないことなのかも、と安心した。パンチのある最初の一文に面食らったけれど、よくよく自分に落とし込んでみると非常に興味深い内容だった。それについては次回！

10.9 [2020]

7のひと

前回、「数秘術」が爆刺さりした、という話をした。生年月日からその人が持つ数字を出し、その数字ごとに分類される。昔流行った動物占いのようなものをイメージしてほしい。私の数字は7で、7の人が持つ大きな要素が「人と人とは分かり合えないという諦念を持っている」というキャラクター。それはまさにここ数年、自分の中にクエスチョンマークを伴って居座っていた課題だった。たかが占い、されど占い。見透かされたような気がした。

私は7の人だからこう思うのは仕方がない、という一種の開き直りに勇気をもらい、ここで白状する。私には、結局みんな他人だ、という考えがある。どれだけ理解し共感したと思っても、どれだけその人と近い距離でいようと、たとえ血が繋がっていようと、自分とは違う環境と考えのもと生きる他人にすぎない。私たちは別の人間で、全てをシェアすることは出来ないと。文字にするとパンチがあってものすごく冷血人間のように感じられるかもしれないが、ごく一部の7の数の人にはぶっ刺さっているはず。分かる、と思った方は今すぐ数秘術を試してみてください。きっとあなたは7のひとです（笑）。

とはいえ、そういう考えを持っているからといって相手とコミュニケーションを取らない、のではなく、何を考えているのか、どんな気持ちなのか理解しようとちゃんと努力はする（自ら打ち明けたりはしないけれど）。ただ、全てを知ることは出来ないという諦めが奥底にあるから、自分が受けた印象がその人の全てだとは思わない。それゆえ、「いい人だと思っていたのに裏切られた」とか「期待していたのに失望した」と思うことは他の人に比べて少ない、と思う。自分の印象とその人の本当の姿が違うことは、織り込み済みだから。

だって、そんなの分かりっこないんだもん。ここがおそらく、7以外の人には理解されにくいところなのかもしれない。もちろん酷いことをされたら傷つくしショックは受けるのだけれど、期待値が低い分、ダメージは軽い程度で済んでいると思う。それが、良いことなのか悪いことなのかは置いておいて。

ベクトルを変えると、自分のことを全て人に理解してもらうのは無理だという考えも同様にある。自分も誰も理解できないし、誰も自分のことを理解できない、となると自分を分かってあげるのも、信じるのも、自分しかいない。いい意味でも悪い意味でも自己完結型になる。どう頑張っても他人を思い通りにすることなんて出来ないんだから、人からどう思われるかアレコレ考えて画策するなんて時間の無駄だよ、と思っている。自分ファーストに生きるべし！と。

数秘術にインスパイアされた性格論をつらつらと書いてみた。他にも当たっているようなところもあったけど、それは?と思うところもあった。「ユニークな人間観がゆえに人に惑わされない価値観を持つ」とされる7の私だけど、最近、人から言われたことでくよくよと落ち込んでしまった。7の強さ、まだ修業が必要かも。

改編期

10.23
[2020]

月。

10月というのは、ギョーカイ的にざわつく月である。テレビには改編期といわれる番組が変わるタイミングというのが、大きく年に2回ある。それが4月と10月。

ドラマは3カ月で一区切り、よく聞くワンクールというのはその期間を指している。番組はこの2回に7月と1月を加えた年4回、きっちり3カ月ごとに規則的に変わっていく。何カ月も前から、ともすると何年も前から構想し、キャスティングして俳優さんたちを押さえて、とスケジュール感覚がしっかりしている印象がある。

対して、私の主戦場であるバラエティ番組は始まりも終わりも急なことが多い。正確に言えば、前々から準備をしたり水面下で制作も編成も動いていることは間違いないのだが（編成というのは番組をどの時間に流すのかだったり、番組を新しく始める、もしくは終わらせるなどを決定するテレビ局のブレーン的部署）、私たちに伝えられるタイミングは、公に発表する2、3週間前だったりすることもあるくらい。10月中に始まる番組だったら9月末に収録が始まる。だから、そのの少し前の9月初めくらいには部長から番組についての話が入る。もうそろそろ来てもいいころだな、という時期にはどこかソワソワした空気が部には流れている。

「誰々があの番組につくらしいよ」とか「誰々と誰々が代わるらしいよ」とかいう噂を聞いたり、部長に声をかけられると何か話があるんじゃないかとドキッとしたり、同僚が部長に呼ばれている姿を見て何を言われているのかが気になったり。私にもそういう時期があった。数がすべてでは決してないけれど、やっぱり番組を一つでも多く任せてもらえるのはうれしくて、新しく番組が始まるらしいと聞くと、自分が選ばれないかな、と願ったりしたものだった。もちろんその願いが叶うことは稀。ほかの誰かがその担当になったりするとショックを受けたり、同僚たちと自分を比べてしまったりした。

入社8年目になると、もう両手で数えきれないほど後輩たちがいる。私にも慕ってくれる子はチラホラいて、昔の私と同じようにみんな思うことはいろいろあるらしく、この時期は相談を受けることが増える。彼女たちより少しばかりキャリアを積んでようやく周りが見えてきた私が伝えられるのは、もうこればっかりは悩んでいたって仕方がないということだ。私たちの力ではどうにもならない要素が多すぎる。

番組が始まるとき、まずメインMCなどの出演者の皆さんが決まる。というかこの方で何をやるのか、と人ありきで内容を決めるということも多いのかもしれない。そこからMCを固めるレギュラー陣が決まっていく。その顔ぶれを見て相性の良さそうなアナウンサーを選ぶ、はたまたアナウンサーがその座組に必要なのかどうかを揉んでいく。バラエティ番組におけるアナウンサーはそのくらい最後の最後に決まるものなのだ。出演者の皆さんありきで、そのあとにパズルのピースを埋めるようにアサインされる。達者なタレントさんだったら進行役もいらないし、今はフリーアナウンサーの方も沢山いるから、元々の席だって少なくなっているのだ。でもだからといって指をくわえて見ていたり、回ってこなかったお鉢をうらやましく思うだけではダメで、結局は誰かがどこかで見てくれていると思って、今ある仕事を精一杯頑張るしかないのだと思う。今ある仕事がちゃんと出来ていない人に新たな仕事を任せようとは思わないから。

かくいう私はどういうツキの回りか、10月から番組が3つ増えた。もはやオーバーワーク気味であることは言うまでもないが、とにかく愚直にひとつひとつやるしかない。

ちょうどいい動画

去年の年末くらいに会社からiPadが貸与された。資料を読んだり、制作からあがってきた完パケ動画（放送前の完成品）を見たり、そもそも持ち運びするのに使い勝手がいいということで、アナウンス部の部員にもひとり一台配られた。画面も大きくて見やすいし便利は便利なのだが、いくら薄くなったとは言え、かさばると言えばかさばるし、ちょっと見づらいけれど出先ではスマホで全てこと足りるため、私の場合はずっと家に置きっぱなし。TVerとYouTubeを見るための専用モニターとなっている。

そんなiPadが一番使われているのは、毎晩のお風呂。あまりにも時間がない時以外、私はちゃんと湯船につかってホカホカしたい人なのだが、その時にとっても役立つ。浴室に持って行って、浴槽の蓋の上にiPadと水を拭くためのバスタオルと飲み水をセットで置き、身体があったまって汗が出てくるまでの間、動画を見る。時間としては15分から25分くらい。TVerで30分番組かYouTubeの短めの動画を1本か2本見るのがちょうど良くて、毎日のルーティンとなっている（YouTubeはなぜかテレビにつないで大きな画面で見るよりも、iPadくらいの規模感で見る方がしっくりくるのは私だけだろうか…、相手との距離感だったり、独特の編集の感じがテレビで見るとなんだかアンバランスに感じてしまう…）。

TVerで見るのはだいたい自分が出ている番組かそれに関連する番組、たとえば共演している方が出ている他の番組などを復習や勉強をかねて見る。YouTubeも共演者の方が持っているチャンネルを見たり、番組の公式チャ

ンネルも一応チェックする。これらはほぼ仕事にカウントしていいとして、気持ちが休まるというよりはフムフムといった感じである。毎日がこうだと気持ちが張り詰めてしまうので、「ああもういいや！　今日は仕事のこと考えたくない」と全然違うジャンルの動画を見ることももちろんある。

よく見るのは料理動画。ただただ料理をしている手元だけを映した、一般の方の動画をよく見る。主婦とおぼしき方が家庭料理やお弁当を作るものから、プロの方の本格的な手さばきまで様々な動画。しゃべりはなくテロップのみで淡々と料理が作られていく様子が流れるだけなのに見ていて飽きないのが不思議。こうやって作るんだあ、という学びもあるし、その作業風景を見ているだけで何だか癒される気がする。そんな風にハンバーグを手間暇かけて作ることはないんだけれど（というか自分のためにハンバーグを作ろうという気にはどうしたってならない）、自分もそんな日が持てたらいいなという願いもあるのだろうか、実情とはかけ離れた丁寧な暮らしの疑似体験をしているような感覚になる。それゆえ履歴には当分実際には作らなそうなメニュー（唐揚げ、グラタン、お節料理、運動会用のお弁当…）が続くことも。

そんな中、最近見つけた料理研究家のコウケンテツさんのYouTubeは自分でも作れそうな簡単な料理を教えてくれて、明日作ってみようかな、という気になる数少ないチャンネルのひとつだ。野菜を多く使ったヘルシーなメニューが多い上に、調味料が手元にあるものだけ、とか10分で出来る、などの本当にありがたいメニューたちが並んでいる。コウさんのお茶目なキャラクターも相まってちょうどよくゆるっと見られるし、時間も10分くらいなので、何もかもちょうどいい。おそらく今上がっている動画はほぼ全部見つくしたと思う。私のように料理は好きだけど実際にやるのは腰が重いという人には心からオススメしたい。

11.27
[2020]

2020年の救世主

前回、YouTubeで料理動画にハマっていると書いた。コウケンテツさんのYouTubeを見てから料理熱がフツフツと再燃してきた私だったが、とはいえ時間も気力もないのも事実。そんな私に救世主がやってきました!! 今秋の私はこの子に生かされていると言っても過言ではありません。

救世主とは、せいろです。点心や小籠包を食べるときに出てくるあのせいろ! あれが家にあるってあんまり聞いたことがないと思うけれども、本当に買ってよかったと思っている我が家のスーパーヒーローであります。

この子との出会いは突然。私がカレーのイベントに（インドに連れて行ってくれたメンバーにお誘いを受けて）行った際に、たまたまそのイベント会場となっていたカフェ兼ショップのような場所で売っていたのが、1人用のせいろだった。それまでお店で出てくるような大きいサイズのものしか見たことがなかったので、ミニチュア感があって一目で気に入ってしまった。直径が15センチほどのせいろが2段になっていて、その下に置く、お湯を沸かすための両手鍋がセットになっている。そこのせいろは可愛い取っ手がついていて、そのまま食卓に出したら主役になりそうなお洒落なものだった。値段はお鍋とセットで1万2000円くらいで、少し高いかなという気もしたんだけれど、肌寒くなる季節だし挑戦しよう!と思って、店員さんに聞いてみた。するとなんでも人気商品らしく、今は欠品しているとのこと。そう言われると欲しくなるのが私の常で、その場でAmazonを開き調べてみる。そのショップで見たお洒落せいろは探しても見つけられなかったのだけれど、セット価格4000円のお買い得品を発見! すぐさまポチっと購入!

それから数日して届いたせいろで冷蔵庫に眠っていた野菜たちを蒸してみると、びっくりするくらいおいしかった。レンジでチンとも全く違う。野菜の中の水分が抜けないので全体的にふっくらジューシーのまま食べられる。やり方もとっても簡単。まず両手鍋にたっぷりの水を張って沸騰させる。ぶくぶくと大きな泡と湯気が出てきたところで、野菜をセットしたせいろをやけどしないように置く。あとは火が通るのを待つだけ。火加減の調節もコツも要らない、とっても簡単。待っている間につけだれを作ったり、他のおかずを準備したり。本当に何もやる気が出ないときは、サラダ用のドレッシングやマヨネーズをつけるだけでも充分においしい。

さすがに野菜だけだとパワーが出ないので、よく私がやっているのは豚肉のスライスをキャベツやレタスなどの葉物野菜に挟む。もしくは、ざっくり切ったナスや玉ねぎの上に置く。それだけ。豚の脂が野菜に染み込んでものすごくおいしくなるし、一品だけで満足感もある。スライスだからお肉にもすぐ火が通るし、ものすごく楽チン。ポン酢をつければ、もうたまらん。本当に私はこればっかり食べています。あとはさつまいもやじゃがいもなどの芋系も、せいろで加熱すると本当にホクホクした食感になって、もうせいろ無しの生活には戻れなくなっている自分がいる。久々のヒットです。初級の使い方しかまだ出来ていないけど、この先もっと使いこなせるようになります!

12.11
[2020]

2020年という問い

2020年がまもなく終わろうとしている。日々ニュースから流れる情報に右往左往していたら、あっという間に年末だ。例年よりもなんだか早く感じるのは私だけではないはず。こんな状況になるまでは、何年後、何カ月後、というタームで時間を区切るのが当たり前だった。仕事の目標でも、旅行の予定でも、なんでも。それがいきなり、2週間後はどうなるか分からないけどとりあえず…、といったその場しのぎのツギハギに変わり、終わりのないマラソンを走らされているような気分だった。そんな調子で日々過ごしていたら、もう師走がやってきた。

さて、2020年はどんな一年だったか。この一年をどう形容しようか。

この振り返りを書くにあたって、ガラになくとても悩んだ。今も現在進行形で新型コロナウイルスの猛威を受け止めるために必死に毎日頑張っている人が沢山いるし、仕事や生活環境が打撃を受けて生活するのもやっと、コロナが憎くて憎くてたまらないという人も大勢いる。そんな人たちを含めた大きな視点でこの状況について語るまでの力は、まだ私にはない。挑戦してみても、きっと当たり障りのない言葉に逃げてしまうに違いない。私たちに出来ることを今やろう、とか、未来は変えられる、などの分かりやすくて大切なフレーズ。今の私の肩書きであれば、そう着地するのが正解だ。

けれども、これはほぼ「趣味」でやっている書き物/読み物なので、誰にでも言えることは言いたくない。だって純度100%だもん。個人的な2020年の振り返りであることを先にお断りしておきます。お許しください。

こんなことになる前、私にとって2020年は節目になる年のはずだった。というか、きっと自分の中で仕事においてここで大きな一区切りをつけるタイミングになると、前々から想定して私なりに動いてきた。全く想像していなかった職業にたまたま就くことが出来て、しかも20代最後という脂の乗った時期に、自分の国でオリンピック・パラリンピックが開催されるなんて！　前世でどんな徳を積んだ人間なんだ、とあまりの偶然と強運に興奮したことを覚えている。

メインキャスターになりたいなんておこがましいことを考えていたわけではなくて、そんな一大イベントに何かしらで関われたら、このギョーカイにいる意味、この仕事をやっている醍醐味みたいなのを味わえるんじゃないか、色んなもろもろの苦労が報われるんじゃないか、この仕事をやっててよかったって思えるんじゃないか、と一縷《いちる》の願いを込めていたのだ。「2020年までは頑張ろう」が、自分の中での合言葉みたいな感じだった。

その支えが、今や宙ぶらりんだ。今まで鼻先にぶら下げていたニンジンが急に無くなってしまった。こうなってしまった以上、果たしてどこまで頑張ればいいのか、何を私のゴールとするのか。舞台はもう何も用意されていない。自分で考えろ〜と何処からか声がして、宇宙にぽーんと投げ出されたような感覚。緊急事態宣言が出た4月から5月にかけては仕事もほぼ休みだった。自宅で過ごす時間が多く、だらだらと日々を過ごしながら、こんなことばかりを考えていた気がする。

これまでは必死に「一人前になりたい」「認められたい」という気持ちで走ってきたけれど、このままでいいのだろうか。自分がかつてなりたかった自分にはなれているんだろうか、モヤモヤする日々。でも時間の経過とともにだんだんと日常に戻り、また忙しさにかまけている。

率直に言って、答えは出ていない。むず痒い気持ちは今もまだ続いている。どんな仕事も二つ返事で全部こなすのが良さだった私が、これは本当にやるべきこと？と立ち止まることも多くなった。けれども、こんなタイミングがあってよかったと思う日が来ると信じている。予期せぬタイミングで戸惑いもあったけれど、自分の生き方やこれからを深く考える機会になった。こんな人は私だけではないはず。一斉に止まれ！の号令をかけられて、いつもは目が向かないところに考えを回すことが出来た。

この問いの答えが出るのはいつなのかしら。当分この状況は変わらなそうだし、それぞれじっくり向き合っていきましょ。

スタートライン

テレビ局の年末年始は早い。収録番組はだいたい放送の2週間から1カ月くらい前に撮る。レギュラー番組でも季節を先取りしているが、年末年始の特番ともなるといつもより長尺になったり調整に色々時間がかかったりするので、いつものスケジュール感よりもさらに早めに収録してしまうことが多い。

だから街がクリスマスモードになるよりもずっと前に晴れ着での収録があったり、年内に新年の挨拶をしれっと言っていたりする。今年はスケジュールの見通しが立てづらいことから例年よりも幾分早いのか、10月の終わりに隣のスタジオで、着物を着たプレゼンターがおせちのお取り寄せの紹介をしていた時はびっくりした。なんてったってまだコートを出す前だったから。自分たちが出る番組の内容を知るのは、ちゃんと企画も台本も出来上がってあとは撮るだけという段階なので、おそらくセットを作る美術さんや小道具さんはもっと前から年末年始特番の準備をしているに違いない。この業界にいると季節感がバグってしまうというのはそういうことなのかも。とにかく年越しに向かって、一段と会社全体がせわしなくなるのが常だ。

生放送番組を担当していると、より年末に向かってのお祭り感は増してくる。『ミュージックステーション』を担当していた時は、その雰囲気にたまらなくワクワクしたものだった。毎年12月の最後の金曜日に放送するスーパーライブ（もちろん今年もやりますよ!）。いつも収録しているスタジオではなく会場を幕張メッセに移して、その年の音楽シーンを代表する旬のアーティストがこぞって出演する。スーパーライブだからこその大御所アーティストもブッキング出来たりして、準備が間に合うのか?という焦りと緊張と興奮がうずまく独特の雰囲気がいつも流れていた。関わっているスタッフも何百人規模という、まさに年に一度のビッグイベントだった。

本番2日前から始まるリハーサルに立ち会うため幕張のビジネスホテルに泊まって、朝から晩までスタッフと合宿みたいな生活を送るのも楽しかった。ここでは言えないアクシデントやハプニングも沢山あったけど、ヤバイ!と言いながらどこかそのギリギリ感を楽しんでいるあの雰囲気。私の仕事量なんて周りのスタッフのそれとは比べものにならないほど少ないものだったけど、その一員になれている感覚がうれしかった。この時期になると決まって、あの幕張の空気や舞台裏で待っている時の緊張感、そしてお客さんの熱気を思い出す。

先日、あるお笑い芸人さんがインタビューの中で「親に、あんたは文化祭みたいなことを毎回やってお金もらって本当に幸せ者ね、と言われるんですよ」と言っているのを聞いた。まさにその通りで、お金もスケールも何倍にもなった文化祭みたいなことを、いい歳をした大人が力を合わせて、必死になって作るのがこの仕事なんだと私は思う。そうして生まれた番組を見て、少しでも多くのひとが笑ったり、感動したり、元気が出たりしてくれたらいいなと願っている。この状況だからこそ、その思いを特に強く感じた一年だった。

感じることも考えることも変化した2020年が終わろうとしている今、やるべきことの輪郭がぼやっと見えてきた気がする。来年は30歳。ここからまたひとつ、スタートラインに立つことにしよう。

12.25
[2020]

弘中綾香の
ホンネのネ。

インパクトがもうひとつだったなぁ…

連載、幻のタイトル集。

inside
of
ayaka
hironaka
弘中綾香の
言いたいコト、
書きたいコトバ。

下から撮られるの苦手…

デザインは可愛いけど…

『純度100%』のほかに候補となった連載タイトル案を公開。
どれも自信作という編集者の思いをよそに、なぜボツになったのか？

これと最後まで迷いました！

Hanako's Memory
[PART #2]

Hanako No.1183 2020年3月28日発売号（100人の大銀座）

このロケ楽しかったですね〜。甘いモノが大好きなので終始テンション上がりっぱなし！　メンバーも最高でした。またやりたいなあ。

Hanako No.1183　photo : Kosuke Mae　styling : Rina Taruyama　hair & make : Mitsumi Uesugi　text & edit : Kana Umehara

この人に会って聞きたい…
弘中綾香30歳、
どう進めばいいでしょう？

大きな期待とそれより大きな不安を持って迎える弘中綾香30歳の「これから」。
いま直接会って話を聞きたいという3人に、インタビュアーとなって
30歳からの生き方、働き方、進むべき道について話を聞く特別対談企画。

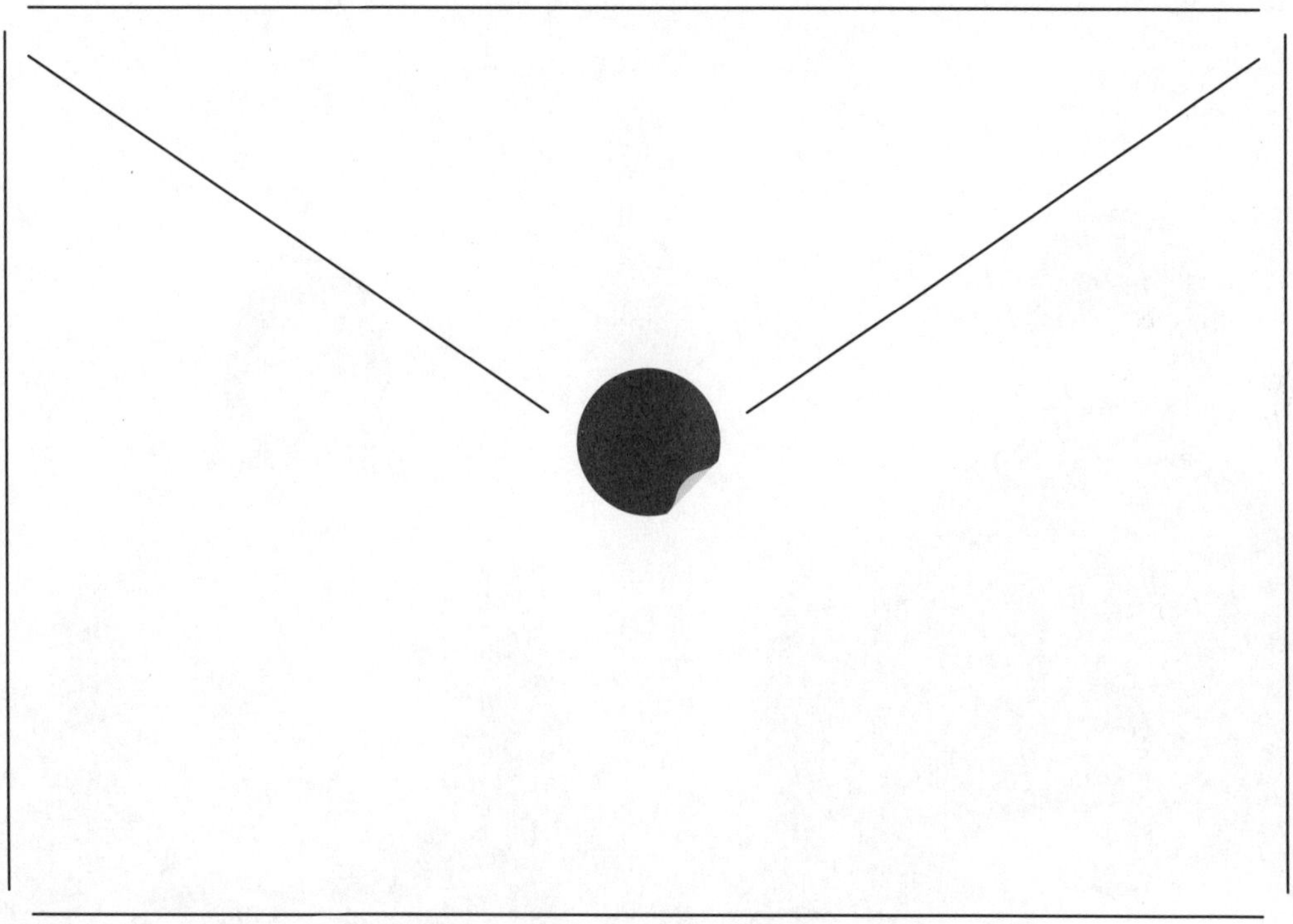

#1
林 真理子
（作家）
Mariko Hayashi

#2
加地倫三
（テレビプロデューサー）
Rinzo Kaji

#3
若林正恭
（お笑い芸人）
Masayasu Wakabayashi

※対談はすべて2020年8月に実施されたものです。画像処理によって写真上には写っておりませんが、
二人の間には飛沫防止用パーティションを設置し取材撮影を行いました。

#1

Name;

林 真理子

Occupation;

作家

Profile;

はやし・まりこ／コピーライターとして活動後、1982年に上梓したエッセイ集『ルンルンを買っておうちに帰ろう』が、第一作にしてベストセラーに。小説、エッセイなど著書多数。『週刊朝日』で「マリコのゲストコレクション」、『anan』で「美女入門」を連載中。

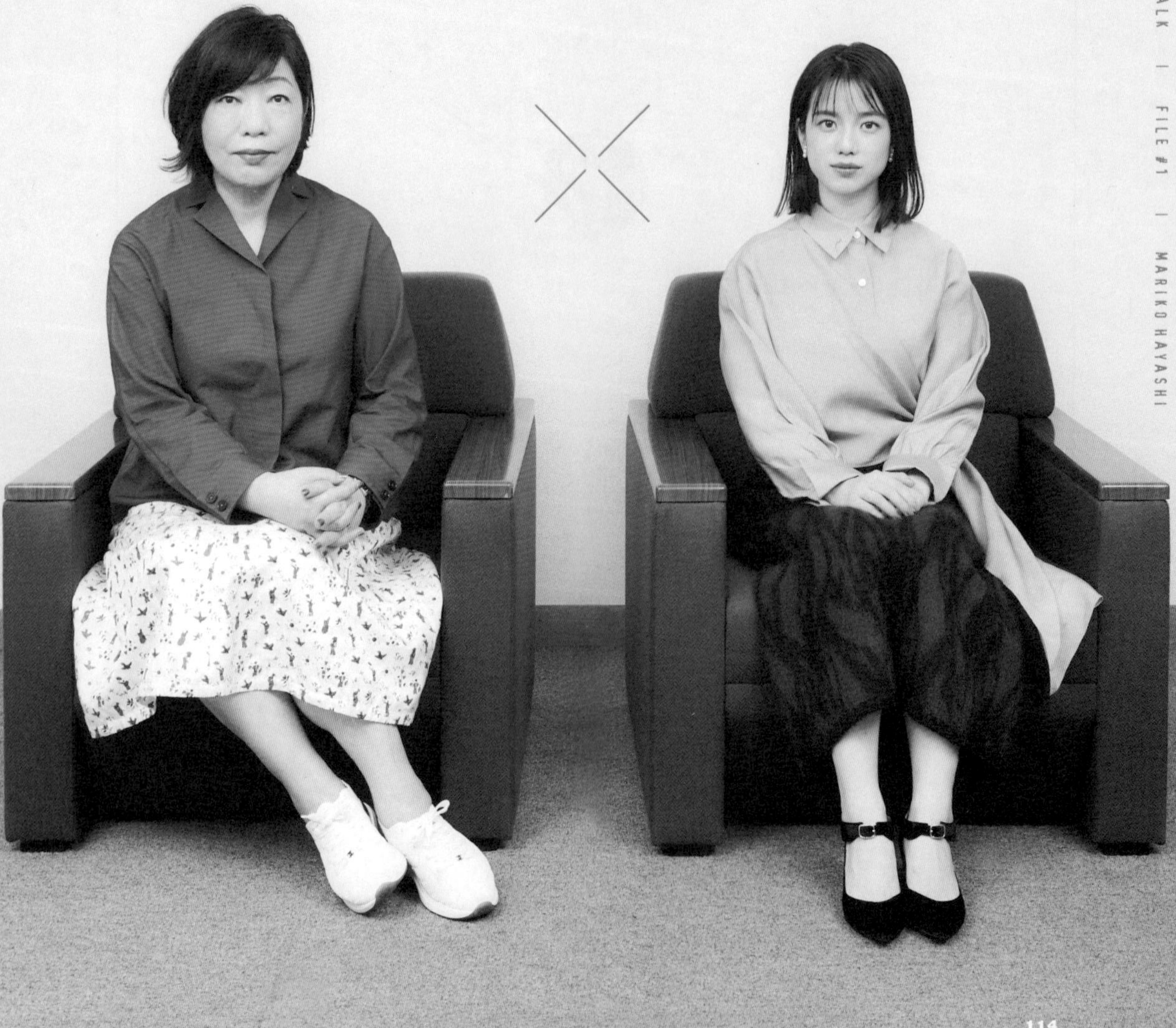

Letter

この度はご多忙の中、対談のオファーを受けてくださり、本当にありがとうございます。
まさかご承諾いただけるとは思っておらず、とても嬉しく光栄に思う半面、
お会いする前から、もう既に緊張している次第です。

今回なぜ先生にお会いしたい、お話をお聞きしたい、と思ったかと言いますと、
私が先生の作品の大ファンであるということが、まず初めにございます。
小学生のころに、母が自分のために図書館から借りてきた先生のエッセイ集を盗み読みしたのが
最初の記憶です。家庭にいる女性像しか頭になかった私に、
先生の日常を切り取ったエッセイはカルチャーショックでした。
「こんな世界があるのか、私はこの世界の中に出てくるキラキラ輝く大人になりたい」
そう思ったことを、今でも強く覚えています。それ以来新刊が出る度にチェックして、
いつも楽しく読ませていただいております。

また、先生の著書『野心のすすめ』には何度も励まされました。平成に生まれた私でさえも、
「男は経済力、女は愛嬌」「一般職でいいじゃない」という言葉を受けたことがあります。
言ってしまえば、仕事で辛いことがあると、そこに逃げたくなった時もあります。
けれども、この本と出会い強く感銘を受け、自分の足で生きていこう、と
今までがむしゃらに目の前の仕事に食らいついてきた部分もあります。

そんな時期を経て、気づけばあっという間に30歳を迎えることとなりました。
仕事にも恵まれて充実した毎日を送っている一方で、
自分自身の幸せは二の次でいいのだろうか、という思いや、
一体この先何を目指していけばよいのだろう、という迷いもあります。

大変不躾なお願いではございますが、人生の先輩であり、いつの時代も
キラキラと輝いている女性として、アドバイスをいただけますと幸甚に存じます。

to Mariko Hayashi

林　昔はアナウンサー30歳定年説と言って、30歳前に辞める方が多かったですが、今はそんなことはないでしょう？

弘中　そうでもありません。やっぱりこのくらいの歳で結婚されて辞める方も多いので、キャリアを考える歳ではあります。新卒からがむしゃらにずっとやってきて、30歳になって報道へ行きたいのか、それこそバラエティでやっていくのか、会社を辞めてフリーになるという道もありますし……。

林　今はすごい人気者。こんなに人気が出ちゃうと困っちゃいますよね。テレビ局も手放さないでしょうし。

弘中　そんなことはないと思うのですが、ここまでがむしゃらに仕事を頑張ってきて、今まではやれと言われたことをやるだけでよかったのが、30歳にもなると、やりたいことないの？　どうしていきたいの？　と言われるようになって……。あぁ、私は結局何がやりたかったんだっけ？　みたいなことに今、陥っています。

林　与えられた場所ですごく人気が出て評価ももらっているので、そこにあんまり未練はない感じなのかしら。でも結婚を焦る必要もないのでは？

弘中　それこそ、小学生の頃に林さんのエッセイを初めて読んだ時、林さんの働きぶりというか生き方を垣間見て、こういう人生があるんだ！　とすごくセンセーショナルだったんです。家庭に入るだけが女じゃなかったんだ！　って。あの頃感じた憧れがすごく私の中に残っているので、ここまで頑張ってこられたと思うのですが、今私がやっている職業柄もあるのか、やっぱりこの歳になると、結婚しないの？　子供は？　と言われることが多くて。

林　でも、今は仕事をしていて一番楽しい時期でしょ？

弘中　はい、楽しいは楽しいです。今はすごく充実していると思います。でも、ふと我に返ると、私なんでこんなことしてるんだろ……って。ずっと働いていたいという思いはあるのですが、年齢を重ねるにつれて求められるものと自分がなりたい像がかけ離れていくというか。

林　世の中の人から見ると、弘中さんなんて最高に恵まれているように見えるけれど、普通の30代の女の子と同じような悩みを抱えているのね。でもね、実は私も30歳の頃が一番悩んでいたと思います。結婚できなかったらどうしよう、って。

弘中　林さんでも悩まれたんですか⁉　まさに、私もそう思うんです！

林　昔は30歳というと大きな区切りだったので、すごくみっともないことをしたり、すがっちゃったりもしました。けれど、30歳を過ぎるとすごく楽になる。悩んでいたことも別にどうってことなかったなって。自分で勝手に区切りをつけちゃって、30歳までに何か決めなきゃ、何かしなきゃ、と思うとすごく辛いけれど、それが終わると、また嘘のように長い時間があるんだってことが分かるの。

弘中　周りからのプレッシャーに過敏になりすぎているのでしょうか。

林　そうね。こんなに人気者になると恋愛も自由にできなくなって、本当にそれは大変だと思う。けれど、私は30代が一番楽しかったと思う。

弘中　そうなんですか！　私も楽しめるでしょうか。

林　そうね、私は20代の時に結婚しなきゃってすごく焦っていたけれど、そこを突き抜けると、どうってことないやと思える。自分で稼いだお金をなんでも自由に使えたし、なんて言うのかしら、若い時みたいに男性に対してガツガツしなくなって、楽

私は結局何がやりたいのか、悩みのど真ん中です

しくお付き合いができればいいという気持ちが出てくるので、あの時代は本当に黄金の30代。

弘中　そうなんですね！　すごくいいフレーズですね。

林　本当に、すごく自由になれる。それに30代40代は女性が本当に一番きれいな時。20代のような若さはないかもしれないけれど、洗練されてきますし、いろんな知恵もついてきて、男の人や付き合う人のレベルも完璧に上がってきます。

弘中　これからは選り取り見取りですね。

林　30歳を過ぎるとアイドル的な見られ方もしなくなるので、今よりもっといろんなことが言えるし、できるし、その意味でもすごく楽になると思うよ。

弘中　この歳になると、結婚しないとか結婚したいと思っているとか、結婚をしていないことに対して何かあるんじゃないかと、いまだにそういうことを言う人たちがいて。私も意識しすぎてしまって、「結婚とか別にどうでもいいです」とか「意識してないです」とか言うのも面倒で。一周して、逆に、しちゃった方が楽になるんじゃないかと思ったりして。

林　そこは、「まだ巡り会ってませんから」で、いいじゃない？　今まで忙しかったから、たまたま時期がなかっただけ。これから30代、楽しい出会いを3、4回重ねてから結婚してもいいんじゃないかしら。

弘中　ああ、素敵ですね。仕事も恋も、充実ですね。

林　結婚はそんなにすぐにしなくてもいいと思うけれど、私が結婚して一番良かったことは、結婚しなきゃと思う心がすっかりなくなったことかしら。

弘中　そうなんですね。周りからの「結婚しないの？」から逃れられるのは、私にとってもすごくメリットだと思います。

林　私はふと思った時があってね、4畳半の一人暮らしからスタートして、6畳トイレ付きなど色々経てきたけれど、汚い6畳に住んでいた時って男性もしょぼかった。でも自分のお金で初めて1LDKを借りられた時が、仕事も男性関係も一番充実していて、すっごく楽しかった。

弘中　自分に余裕もあるし、時間もあるし。自由に自分らしくいられるってことですね。

林　そうそう。それに今、弘中さんは書くことにもご興味があるみたいですし、連載をやるということはすごく素敵なことだと思います。

弘中　アナウンサーをやっていてすごく窮屈に思うことがあって。私も何か発信できる場が欲しいと思ったんです。いつも林さんの本を読ませていただいて、林さんのように軽やかに筆を執りたいなと思っているのですが、私なんか、こう見られたいとか格好つけちゃう癖があって。

林　テレビを見ている人よりはずっと数は少ないかもしれませんが、書くということは読者と繋がります。本を出すことによって、悩みを聞いてほしいとか、私はこう思うけど、どう？　という風に読者の方とキャッチボールが始まると思うんです。それは弘中さんの人生を楽しく豊かにしてくれると思います。

弘中　書くということはすごく内省的なことですよね。けれど自分の頭の中を整理して発表することは、私の精神衛生上すごく役立っているし、すごく楽しいです。

林　これからどんどん枝葉が広がっていきますね。女性の勝ち組の頂点にいるような人でも、普通に悩んでいる。そして同じ30代女性たちの共感を得られれば、また違うエネルギーとなって何かすごく新しいことができる気がします。弘中綾香という人がどんな生き方をするのか、見せてほしいと思います。

女性として今が一番悩む時。
それを抜けたら、ずっと楽になる

対談を終えて

私が人生で初めて読んだエッセイは林真理子さんの作品だった。そこに書いてある林さんの華麗なる日常に子供心ながら衝撃を覚え、私もこんな大人になりたいと強く思ったことを覚えている。

才能にあふれ、第一線で仕事をする一方で、素敵な家庭も持ち、お友達との交友録も華やか。自分で稼いだお金で好きなものを買う。東京で私もそんな生活をしたいと夢見た。あれから年月が経ち、その道中でくじけそうになったり、思わず楽な方に進んでしまいそうになったこともあったけど、どうにか今の私は東京で自立して生活ができている。生き方に迷うたびに何度もお尻をひっぱたいてくれた『野心のすすめ』には本当に頭が上がらない。そんな本を書いた方にお会いできるなんて、しかもお話ができるなんて本当にありがたく、感慨深い機会になった。初対面だったので大緊張で、ソワソワと落ち着かずにいたのだが、そこに飛び込んできた林さんはとっても気さくで柔らかな雰囲気を持つ方だった。対談も終始リードしてくださって、ざっくばらんに色んなことをお話しさせていただいた。

対談の中での大きな発見であり、私の中の嬉しい誤算だったのが、林さんがおっしゃっていた「30代が一番楽しい」ということだった。長年の刷り込みなのか、はたまた自分たちで呪いをかけているのか、多くの20代後半の女性たちは30歳になるのが怖い、嫌だ、というように年を取ることに関してネガティブなイメージしか持っていない。もちろん私もその一人。30歳という年齢を目前にして、突然何かに後ろから急かされるかのように、仕事や結婚について一区切りしなければ、何か決めなければ。と思っているところがあった。そういった焦りは30代になって突き抜けると、より自由に軽やかになると林さんは話す。私たちは案外、自分で自分の首を絞めているだけなのかもしれない。

もちろん、アラサーになるとすぐにどこからかやってくる「結婚とか考えてますか？」と異口同音に聞いてくる人たちの責任もあるけれど。年を取るということは幼い時から変わらず、経験を積んで人間として成長していくことであって、前向きなこと。気持ちにも余裕ができるし、時間ももっと自分のために使えるようになるかも。でんと大きく構えて前向きに捉えていこうと思うことができた。結婚についてもそうだ。結婚して一番良かったことが、「結婚しなきゃと思う心がすっかりなくなったこと」と笑顔でおっしゃった林さん。こうしなきゃ、こうしないと、という考えから一歩抜け出すことが、悶々《もんもん》とする心を晴らす方法なのかもと気づく。

林さんとはこの対談のあとに連絡先を交換し、後日お食事にも誘っていただきました。おいしい中華料理をいただきながら、番外編を色々お聞きして、それはそれは楽しい時間を過ごさせてもらいました。林さんの素晴らしい作品たちといつもエネルギッシュなお人柄にこれからも背中を押してもらおう！と心に決めました。

林さん、お忙しい中本当にありがとうございました。

AFTER TALK

これから来る30代が俄然楽しみになりました！

30代は黄金時代。女性がますます輝ける年齢

[弘中] スカート（muller of yoshiokubo）ミュラーオブ ヨシオクボ☎03-3794-4037）／ピアス33,000円（cart a）ヴァガス☎03-6434-7975）／シャツ、靴はスタイリスト私物

#2

Name;

加地倫三

Occupation;

テレビプロデューサー

Profile;

かぢ・りんぞう／テレビ朝日役員待遇コンテンツ編成局第1制作部所属のエグゼクティブプロデューサー、演出家。『雨上がり決死隊のトーク番組アメトーーク！』『ロンドンハーツ』『テレビ千鳥』などのプロデュース、演出を担当している。

Letter

この度はお忙しい中、対談の時間を設けてくださってありがとうございます。

30歳という節目の年に、夢であった本を作ることが叶いました。
とっても嬉しいのですが、何だかまだ現実味が持てずに半信半疑でいます。

というのも、この出版についてもそうですが、
今担当している番組や、世間の皆さんからの認知度も、
何か得体のしれないものが、自分の持っている力以上に高いところまで
押し上げてくれていて、私はその上でただ踊っているだけ、のような感じがするのです。

はっきり言ってしまえば、
なぜ私がこんなに有名になって、大きな仕事を任せてもらえているのか、
当の本人がまったく分かっていないのです（笑）。
いい番組、スタッフ、共演者の皆さんに恵まれて、運がいいとしか思えません。

アナウンサー試験に受かった時と同じ気持ちで、
なぜだか理由は分からないけど求められているんだったら頑張ります、というだけで
ここまでやってきたにすぎない、というか…。

けれども一方で年次があがってきたこともあり、
周りは、次のステップは？　目標とする先輩は？　やりたい番組は？
とか、色々聞いてきます。でも、何も見つけられていないんです。
自分があるように見えて、まったくなくて困っています（笑）。

今回こういった貴重な時間をいただいて、対談というより、
進路面談をさせていただければ幸いです（私得でしかなくてすみません）。

また、まことしやかに囁かれている、8年前の採用試験で
「加地さんだけが私を推した」という話の真偽についても
直接お聞きすることができればと思います。
どうぞよろしくお願いいたします。

to Rinzo Kaji

加地　さて、どっからいこうか？ アナウンサー試験の話からするかい？

弘中　そうですね。例の話の真偽については本当なんですか？

加地　本当だよ。正しくは、俺と、当時朝の情報番組を担当していた田中義樹さんだけね。最終前のカメラテストで俺は林美沙希と弘中で決まりだと思ってたんだけど、意外と票が入ってなくてびっくりしたんだよね。その時義樹さんは、この子が他局に出てたら嫌だって言ったの。

弘中　それ、すごくいい話じゃないですか。

加地　だろ。俺はアナウンサーとしてのスキルは正直ひどいと思ったけど、『踊る！さんま御殿!!』に出たらこの子は絶対、踊るヒット賞取るって言って、俺と義樹さんでごり押ししたの。

弘中　本当だったんですね。その話をネットニュースで見て、いやいや加地さん、出たよ出たよ、またおっさんが盛って話しとるわぁ、と思ってたけど。本当に拾っていただいたんですね。

加地　まぁ、バラエティで活躍して人気が出るだろうなと。だから、ここまでは読んでた。でもこの先、それこそ30歳からどうなるかまでは考えてないよね。

弘中　え〜、考えてくださいよ！ 自分なりに頑張って努力してるつもりですけど、結局なんか、手応えもなくここまで来ちゃった感じがして。毎日バラエティ番組を見てこういう風に努力したから今の位置にいられるんだ！ みたいな実感がないというか、ここまでふわふわふ〜ときちゃった、みたいな。

加地　弘中って多分、今がベストなんだろうね。セクハラワードかもしれないけど、30歳になる今のタイミングが、多分一番魅力的なような気がする。年齢と共に落ち着いてきて、要は嫌われる部分が削ぎ落とされてきた。ここから多分あと2、3年は今のキャラのまま、今までの財産でいけると思う、けど。

弘中　けど!? やだ、怖いです。

加地　そこからは多分そうはいかないだろうね。誰か出てきたらすぐ抜かれるし。だって、好きなアナウンサー1位になった途端、急に仕事増えたでしょ。結局人気があるから使おうと思っているだけの人が多くて、どこまで弘中の本質を見てるかは分からないよね。

弘中　……。

加地　だから自分はどこが良くてどこが悪いかを認識して、そこをちゃんと成長させていかないと、周りから人はどんどんいなくなっていくと思うよ。

弘中　……。確かに加地さんのおっしゃる通りですよね。

加地　テレビ局ってさ、ティーンのカリスマらしいって言われたら急に使ったり、M-1のチャンピオンになったら急に呼んだりとか、あるでしょ。肩書きがあるとそこに群がるんだよね、単純に。だからこの先4位とかに落ちた時に今まで通り周りが来てくれるようになるのかは実力次第。スキルを磨くしかない。

弘中　……。ですよね。

加地　タレントさんも人気が出るといろんな番組を1周はするでしょ。で、2周目がどうかって時に、1周目にやった感触とか、気遣いとか人間性とか全部ひっくるめて見るじゃん。それで良くなかったら当然2回目のオファーはないよね。

弘中　どうしよう、スキルってどうやって磨くんですか？

加地　まぁ、わざと厳しめに言ったけど、1位になったからには、ちゃんと一定の実力と人間性があって、世間が好きになってくれたわけだから。そこを着実に伸ばしていけばいいじゃない。

弘中　この先ですよね……。30歳前後って色々とこれからを考える時期だと思うんです。私もほかのことをやってみたいとい

手応えがないまま、今の位置に来ちゃった、みたいな

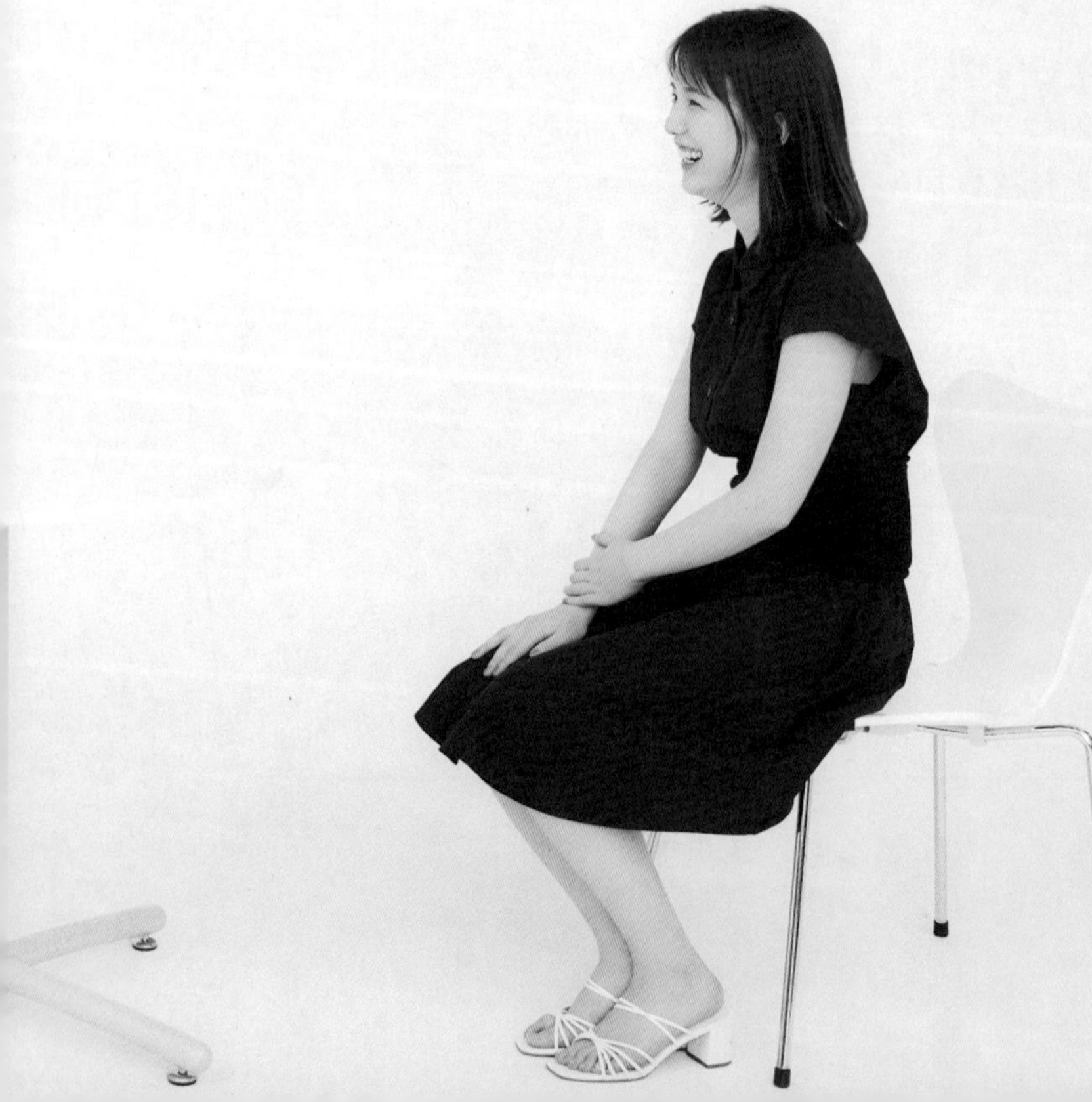

う気持ちもあって。でも、ほかの部署への転身はそこまで前例がないじゃないですか。

加地　あまり前例がないからいいんじゃん！　俺はプロデューサーやればいいと思うんだよね。もともと総合職志望だったわけだし、その才能はある気がする。だって、革命家になりたいんでしょ？

弘中　そうです、革命家になりたいんです！

加地　テレ朝のアナウンス部で革命起こせばいいんだよ。今までなかったことを切り開くなら、番組を作ればいい。兼務でもいいし、弘中綾香プロデュースの番組があったら面白そう。

弘中　かっこいい！　エンドロールで分かっちゃいました!?　実はあれ私なんです、みたいな。それは会社を辞めたら絶対できないですね。会社を辞めたら自分を売っていくしかない。そういう人生も楽しいし、刺激はあると思うけど、私には合っていないんじゃないかな、とも思うので。

加地　今やってるYouTubeで企画をもっとやって、それこそ弘中の企画が一番バズれば、じゃああいつに深夜の30分番組1回やらせてみるか、という意見も出てくると思うんだよね。

弘中　いわゆる演者の役割しかやったことがないので、全然自信ないんですよね。

加地　でも仕掛けるなら今のうちだと思うよ。今が一番旬だから、意見も通りやすいはず。

弘中　やったことないし、やれるかも分からないですけど、その心を残して辞めるのはもったいないですよね。

加地　革命家なんだから、アナウンサーの第2ステージの生き方を私が示していきたいです、みたいなさ。この先、弘中がどういう生き方をしていくかによって後輩たちの未来も変わってくると思うよ。だってうちの会社で今まで好きなアナウンサー1位になった人いないんだから。なんならこれからのアナウンサー志望の子たちにとってテレ朝が第1志望になるかもしれない。

弘中　ひぃ……。責任重大。

加地　てか、ほとんど俺がしゃべってるけど大丈夫？　悩みがリアルすぎてエンタメにできないんだよな（苦笑）。

弘中　そうなんです。色々聞きたいはずなのに、聞きたくないこともいっぱい言われて……。

加地　じゃあさ、今はどんな種類の仕事が一番楽しいの？

弘中　一番モヤモヤしたりもするんですけど、フリーでしゃべってる時ですね。それこそ『激レアさん』の若林さんとのオープニングトークとか。カンペなしでしゃべってハネる、みたいなイイ感じに行った時や、フリーで聞かれてちゃんと返せた時とかは決まり手よし！　みたいな。

加地　弘中って結局完全ストライカーじゃん。本来女性アナウンサーの立ち位置って、ディフェンダーだったりボランチだったり、ちょっとひいた位置から客観的に見てボールをさばく立場だけど、弘中はゴール前にバーンと出る。だから踊るヒット賞取るタイプなんだよね。

弘中　そうかもしれないですね。

加地　だからホントは俺、テレ朝にタレント部作りたいの。そういう意味でも弘中には辞めずに会社で輝いてほしい。だって、やめて輝いてる人って各局いっぱいいるじゃん。だからこそ革命家・弘中には、逆のことをやってほしい。

弘中　それイイですね！　分社化してプロダクションができたら、私、プレイングマネージャーをやってみるとか。ちょっと面白そうな気がします！

加地　おお！　よかった。でも弘中はストライカーだから、プロデューサーやっても結局自分が出ないとダメなタイプだろうな。

弘中は完全ストライカー、
踊るヒット賞取るタイプだね

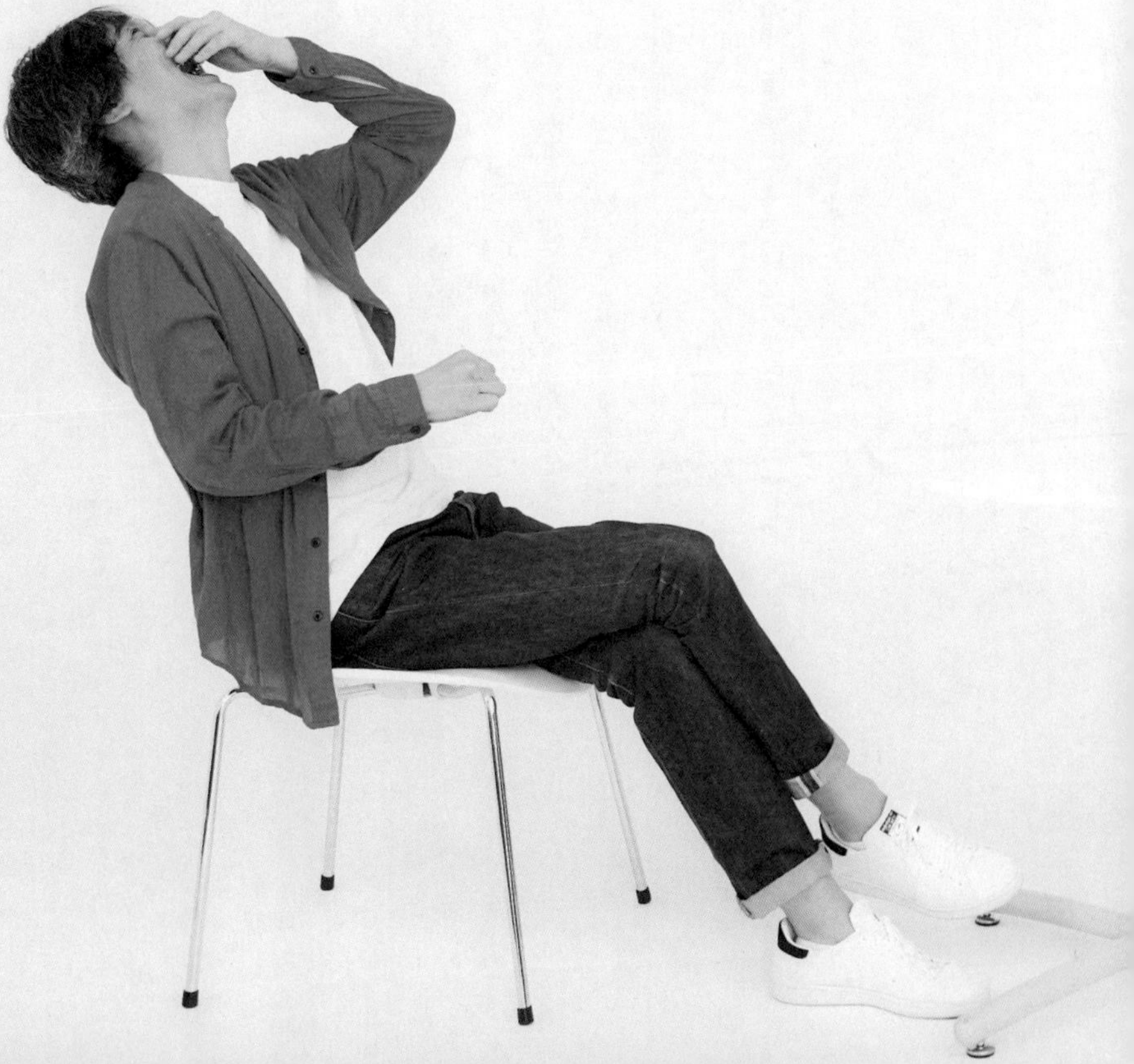

対談を終えて

私にとって加地さんは、まさに「近くて遠い存在」。今回明らかになったように、私をこの道に引っ張ってくれた、いや、拾い上げてくれた方であり、尊敬すべき会社の大先輩だ。ものすごく忙しいはずなのに、たまに社内ですれ違うといつも何かしら声をかけてくれるし、何か困った時や迷った時には親身になって相談にのってくれるはず、という心理的な近さはある。と同時に演出家・プロデューサーという側面から言うと、仕事場ではいつも力を試されているような気分にさせる人でもある。加地さんの番組に出たあとはいつも期待に応えられたか不安になる。アナウンサーとして、出演者としての私をどう評価して、今の私をどう思っているのか。知りたいようで知りたくない。だから、今回この企画をお願いするのにはとても勇気がいった。今まで機会がなかったこともあるけれど、ちゃんと腰を据えて一対一で話をしたことはなかったから。

まだ何者でもなくポテンシャルだけで立っていたスタートラインの私も、今ここに立っている私のスキルも伸びしろも、ひょっとしたら大きな視野でのポジショニングだって、きっと見抜いている。しっかり心積もりをして臨んだはずの対談だったけど、一枚も二枚も上を行かれてしまった…。その証拠に、本来ならば私がどんどん聞き出さなくてはいけないところを、あまりに芯を食った話がポンポン飛び出すものだからフリーズ状態になってしまった。何を言われても、「なるほど」「たしかに」しか出てこない。早くも序盤から加地さんが質問役となって色々と聞き出してくれた。大先輩に気を遣わせてしまって、申し訳ありません！

悩みがリアルすぎてエンタメにできないんだな、と加地さんが言ったように、あまりにも的確に、そうなんだろうなぁとおぼろげながら思っていたことや、やらなきゃいけないのは分かっているけど二の足を踏んでいたことを言ってもらった。キャリアを何歳までで区切るのか。もし環境を変えるとしたらどうなるのか、一回チャートを書き出してみる。メリット、デメリットを見比べてみる。そのために今やっておくこと、また今から準備しておくことは何か。時に厳しく、私に発破をかけるように。けれども突き放すわけではなくて、悶々としている私を解きほぐすようにひとつひとつ思考をクリアにしていく様は、まさしく進路相談。こんな先輩が一人でも会社にいるのはありがたいことだ。

「弘中がこの先どう生きていくかによって、未来が変わってくる」

この言葉でガツンと頭を殴られたような気がした。願われても頼まれてもないけれど、どこかにいる、私の背中を見ている誰かのために、夢のある生き方をしないと。誰かを背負って、勇気を持って、前に出る。たしかにこの連載を始めた頃は、そんな気概があった。私みたいに生きづらいと思っている人が必ずいるはずだから、その人たちに届くように私が何かを示していけたら、と。けれど、いつしか気持ちが弱っていった。夢は革命家なんですよね？って半笑いで聞いてくる人たちのことは放っておこう。

知らぬ間に弱気になっていたのかもしれません。胸を張っていきます。加地さん、ありがとうございました。

勇気を持って前に出る
心は決まりました！

この先の弘中の生き方で、
後輩の未来も変わっていく

AFTER TALK

#3

Name;

若林正恭

Occupation;

お笑い芸人

Profile;

わかばやし・まさやす／お笑いコンビ・オードリーのツッコミ担当、俳優、エッセイスト。『激レアさんを連れてきた。』MC担当。著書に『表参道のセレブ犬とカバーニャ要塞の野良犬』『ナナメの夕暮れ』など。

Letter

この度はご多忙の中、対談の時間を設けてくださってありがとうございます。
番組のよしみにつけこんで、オファーをしてしまいました。
あざとくてすみません。これで部数も増えると思います。
貴重な機会をいただけて、本当にありがたく思っております。

『激レアさんを連れてきた。』が始まってから、はや3年が経とうとしています。
始まった頃はこんなに長く続くとは、夢にも思いませんでした。

今でこそ、弘中といえばバラエティ、という認識をしてもらえるようになりましたが、
当時は「タモリさんの隣にいるよね」くらいの認知度で、
どの番組でもイマイチ自分を出せていなかったと思います（笑）。

自分から言うことではないかもしれませんが、
『激レアさん』の担当になって、若林さんとコンビを組ませていただいて
（おこがましい言い方ですが）、伸び伸びとやらせてくれるスタッフさんに恵まれて、
ブレイクスルーできたのでは？と分析しています。

感謝してもしきれません。

じっくりお話をするのは『ANN』以来でしょうか？
楽しみにしております。
どうぞよろしくお願いいたします。

to Masayasu Wakabayashi

若林　弘中ちゃんのエッセイ読んだけど、テレビの印象からもうちょっとひねくれた文章を書くと思ってたら、意外とストレートだね。でも、たまにすごい角度からのパンチラインがポーンと入ってきて、面白かった。

弘中　ほんとですか、嬉しい！

若林　けど、読んでるとうっすらコンプレックスみたいなのが見えるんだよね。慶應とか行ってる人にもコンプレックスってあるんだ、って意外だった。自分を知ってもらいたい！って気持ちもすごい出てたね。

弘中　そうなんですよ。自分を発信できるメディアを持ってなかったので、自分はこういう人間だって分かってもらいたい！っていう欲がすごく強くて。

若林　書くことはすごくいいと思うな。でも、いくら書いてもテレビに出れば、結局、人気1位で局アナとして恵まれてるって思われて、私のこと何も知らないのに！ってのをこれからも繰り返していくと思うよ（笑）。世間なんて、いくら書いても絶対理解しないから。

弘中　やだー、予言者みたい。

若林　でも、それで演者としては分厚くなっていくと思う。

弘中　人気ランキングってあまりにもボヤっとしすぎていて、何だか分からないのに祭り上げられてる感があって。どんな奴がファンなんだよ、連れてこいや！感があったりして。

若林　カメラの向こうの支持者って、意外と想像できない。でも本を出して、仮にサイン会とかで弘中ちゃんの言葉に救われてる若い子の顔とか見られると、ああこういうことなんだ、って分かると思う。実際、顔を見ないと分かんないじゃん、人間って。

弘中　若林さんもそういう部分で助けられることありますか？

若林　そうだね、俺は書いてなかったらあぶなかったね。心のバランスとして。エッセイを書き始めたのは、結局は自分の陰の部分を分かってほしかったからだったと思う。それは承認欲求だし自己顕示欲だろうし。サイン会とかに、俺と同じくらい、って言ったら申し訳ないけど、超暗そうな男の子が一人で並んでたりすると、自分の仕事ってそういうことなのかなって。自分と同じような部分で共感させちゃった人を裏切らないで生きていくだけで、俺はもう精一杯。

弘中　素晴らしいですね！　今の言葉、すごく刺さりました。

若林　ラジオとかライブ、本を読んでくれる人たちみたいな小さいコミュニティもちゃんと持ってないと、デカいパイのテレビだけだとわけ分かんなくなるんだよね。俺はラジオとかライブとか、支持してくれる人の距離が近いことに救われてる。

弘中　若林さんが何度も私にライブを勧めるのは、そういうことなんですね！

若林　入社8年目にもなると、向いてること向いてないことって自分で結構把握できるもの？

弘中　なんとなくは分かってきましたね。

若林　で、『激レアさん』は、私向いてるわぁって自分で思わない？

弘中　あ、はい。向いてるわぁ、って思ってますね。

若林　弘中ちゃんの奔放さも出るし真面目さも、毒も出るしね。逆に苦手は把握してるの？

弘中　意外とゲスト席が苦手なんですよ。振られると、変に気負っちゃったり、角度のついたこと言わなきゃって空回りしちゃったり。でも進行だけの番組もつまんねーって思っちゃったり。

若林　ブレイクして一気に世間に知られるタイミングってあるけど、それが永遠に続く人はいない。でもちょっとブレイクした時って、輝いてるから自分の苦手な仕事も得意な仕事も、いっぺんに来るよね。

書くことで自分を知ってもらいたい！という欲求が強いんです

弘中　はい。来てますね、今。

若林　俺がバカリズムさんとザキヤマさんと『日曜×芸人』やってたのも、テレビに出始めて2年目ぐらいの頃。バカリズムさんは、よく考えるタイプの抜群のコメントするし、明るい笑いはザキヤマさんが全部とる。二人の天才が凄まじすぎて、俺は何もやれることがないまま毎回落ち込み、番組終了。つまんない奴ってことでいじってもらえばよかったんだけど、それって結構大きな川で、そこを渡る勇気って、なかなかなんだよね。

弘中　わー、怖い。なんで渡る前に言うんですか！　私も自分が狙ってないタイミングで新しい番組が決まって。ずっと背中を追っていた先輩たちが一気に抜けちゃったことも大きいと思うんですが。

若林　タイミングねー。

弘中　追い風が来てるとは思うんですけど、本当に自分の器以上のものが来ちゃったりして。

若林　『あざとくて何が悪いの？』で、田中みな実さんと真横でやるからね。今の田中さんはイケイケの無双状態ですから。

弘中　そうなんですョォ！　座組見て、おおおおってなった。

若林　でも周りは、当然やってくれると思ってるからそういう仕事が来るわけで。やらなきゃしょうがないという何年間かが、今から始まるんだよ（笑）。

弘中　怖いー。

若林　世間の局アナのイメージと弘中ちゃんの個性が、いい意味で反発してるだろうしリンクしてる部分もあるだろうし、複雑だよね。でも規制的な概念は壊しちゃったんだから、行くしかないよね。土曜の夜10時に番組が2つ続くなんて、何人かしか味わえないよ、局アナで。

弘中　そうですよね。

若林　だから今は、田中みな実さんの真横で、毎回血反吐《へど》吐くしかないね。でも、いずれは物語になっていくからさ。たとえば2年後に弘中ちゃん仕切りの番組が始まった時、いやぁ3年前は、って話がいい具合に発酵して面白く聞けたりするのよ。

弘中　どんな仕事も、未来への仕込みって思えばいいんですね。さすがですね、若林さん。

若林　そういえば、僕がモンゴルに行った時の話なんだけどさ。

弘中　はい、はい。

若林　槍の展示を見たんだけど、三股の槍と一本槍があって。三股の槍は儀式の時に使うもので、現在と過去と未来を表している。でも戦う時は現在を表す1本の槍しか使わないんだと、ガイドさんが説明してくれたの。

弘中　ほう、ほう。

若林　その時思ったんだよね。新しいことの方が跳ねるしバズるから、メディアは未来のことや目標ばかり求める。でも、新しいギャグとか、次の挑戦とか、未来のことばかり気にしてると、今が手薄になっちゃうんじゃないかなって。たとえば『激レアさん』を2時間収録するってだけでかなりのカロリー消費だと思うのよ。そこに自分の今の熱量と実力を全部ぶつけなきゃいけないんだから、未来の展望を考えるより、今できることはたくさんある。未来と過去を切り離して、今日の仕事に集中することを続けた方が、結果的に未来につながると思うんだよね。

弘中　えー。すごいいいこと言ってくれた！

若林　だからさ、この先30代をどう過ごせばいいのか、っていう今回の弘中ちゃんとの対談テーマを見て思ったの。弘中ちゃんも、未来のカツアゲ食らって大変なんだなぁって（笑）。

弘中　本当にそうですよ!!　30歳、フリー、結婚、どうすんの？　ってみんな軽く聞きすぎです！

若林　今日のことで精一杯ですー！　で、いいんじゃない!?

共感させちゃった人を裏切らずに
生きていくだけで、精一杯

対談を経て

若林さんと私は2017年の10月から始まった『激レアさんを連れてきた。』という番組で初めてご一緒して以来、早いものでもう3年以上の月日が経つ。番組を見てくれている人からは、二人の相性がいいね、とか良いコンビだねと言われたりするが、実際のところしっかりとお話しさせてもらったことは数えるほどしかない。収録の際いつも私が進行のことで頭がいっぱいいっぱいで雑談をする余裕が無いというのが、一番の原因ではありますが…。ちゃんと時間をとってお話ししたのは、番組が始まってすぐの顔合わせでスタッフと一緒にお食事した時と、オードリーさんのラジオに出演させていただいた時、そして今回。プライベートの話はおろか、仕事のこともほとんど話してこなかった。

にもかかわらず、悩みを色々と話していくうちに、今こういう状態なんだね、辛いのはこうだからなんじゃない？　こう考えてみたらどう？　と心のモヤモヤのド真ん中をバーーンといとも簡単に撃ち抜かれた。しかも、一度ではなく何度も。いつもクールで周りに興味なんてないように見えるのに。こんなに見透かされちゃうなんて。励まされちゃうなんて。改めて底知れぬ人としての魅力というものに気づかされたような時間だった。この小1時間ばかりで、「人生の先輩だから」、だけでは言い切れないほどの気づきとエールをもらうことが出来た。そして、ものすごく遠回りな言い方で「このままでいいんだよ」と言われたような気がする。それは30代を前に揺らいでいる私にとって一番嬉しい言葉だったりもする。

普段は聞けない仕事観について聞けたことも貴重だった。「共感させちゃった人を裏切らないように生きる。それだけで精一杯」という言葉、素敵だった。ファンと自分との持ちつ持たれつの関係性。裏切らないように「仕事をする」ではなく、「生きる」という言葉を使っていたこともグッと後から効いてきた。「それだけで精一杯」と言うけれど、誰かの思いを背負って生きていくことは、ものすごく大変なことであり、かつ素晴らしいことで誰もができることではない。誰だって自分のために生きる方が楽に決まっているから。でも、裏を返せば、混沌とした世界の中でそれだけは揺るがない繋がりなのだろうと思う。

「ライブをやった方がいいよ」

そういえば、若林さんは週をまたいで4、5回も番組のオープニングトークで私に言ってきたことがあった。私が自粛期間中に椎名林檎さんのライブ映像を見てひとりそのマネをしていた、という話をしたら、それを絶対にお客さんの前でやった方がいいと言うのだ。トークショーをして、そのあとタンバリン叩きながら椎名林檎さんのモノマネライブ。その時は、何言っているんだろうこの人、と正直思っていた。でも対談を終えた今はその意味がなんとなく分かった気がする。共感してくれた人の顔をちゃんと見て、イメージが実像になったら、気持ちも前を向く。この仕事をするモチベーションが出てくる、と。

いや、違うか、ただ単純に面白がっただけかな（笑）。

どんな仕事も未来への
仕込みだと思って集中します

未来のカツアゲを食らって
大変ですね（笑）

AFTER
TALK

Thank you.

Mariko Hayashi

×

#1

Rinzo Kaji

×

#2

Masayasu Wakabayashi

×

#3

貴重なお時間ありがとうございました！

おわりに

30歳になる誕生日に本を出したいんです、と編集部に持ち掛けたのは私だ。節目となる日に自分から自分へプレゼントを贈りたい。そんな話に耳を傾け、賛同し、尽力してくださった多くの方のおかげで現実にすることが出来た。タイトなスケジュールをやりくりしてなんとかここまで漕ぎつけた。感謝してもしきれない。まさかこんなことが叶うとは思わなかった。夢という夢を持たずにここまでやってきたつもりだ。しいて目標も設けていない。何歳までにこうなっていたい、という具体的なことを言う人は、よほど自分に自信がある人か、通信教育の添削問題を一度も溜めずにちゃんと毎月送っていた人だ。悲しいことに私はどちらでもない。でも、どうにかしてこの夢だけは実現したかった。自分の中からあふれた言葉だけを紡いだ本を世に出す。誰かの目を通した私ではなく、誰かが切り取った私でもなく、これは１００％私から生まれたものです！　と胸を張って言い切れるもの。これまでのどんな番組もどんなインタビューも、その点においてはこの本に勝てない。

読んでみてお分かりかもしれないが、この連載を進めてきた2年弱におけるメンタルは急上昇・急降下が入り乱れている。ものすごく積極的で仕事への意欲に燃えている時もあれば、傷つき荒《すさ》んでヤケになっている時もあったり、全てを悟ったように穏やかな時もあったり、不安定でつかみどころがない。筆にも顕著に表れていて、文体もブレブレ、テーマもあっちへ行ったりこっちへ行ったり一貫性がないといわれても仕方がない…。けれども、その時々で本当に思ったことを書いていて、まぎれもなく全て私の文章である。本にするにあたって手直ししたい！　と思うところも沢山あったのだが、敢えてそのでこぼこをならさずにそのままでいくことにした。後にも先にもない、私にとって〝初作品〟だ。全て味にしてしまえ！　という開き直りも大事。30歳という区切りを目の前にして、迷ったり立ち止まったり進んだり引き返したりして揺れている自分。出来るだけ、この中では背伸びをしないように努めた。等身大の日々がつまった一冊に仕上がったと思う。これを読んで皆さんがどんな反応をするのか、楽しみでもあり怖くもある。きっと今年の誕生日前日はそわそわして眠れないだろう。

日々仕事をしていると、これってやる意味あるのかなあ、と思うことが沢山ある。きっと社会人ならどんな業種でも同じような経験があるはず。自分のやりたいこととはかけ離れていて、ものすごく遠回りしているような気分の時が私にもあった。それでも歩き続けないといけなかったし、実際そうした。それが回りまわってここに行き着いているならば、私は満足です。

快く対談を引き受けてくださった林真理子先生、オードリーの若林正恭さん、テレビ朝日の加地倫三さんのお三方、お忙しい中協力してくださって本当にありがとうございました。企画段階では「オファー受けてくれるはずないですよねえ〜」って言っていたんです。それが皆さんのご厚意で叶いまして、本当に私は幸せ者です。三者三様のアドバイスをいただいて、目から鱗、沢山の気づきを得ることができました。皆さんからいただいた言葉はこれからの人生を歩む勇気になります。

そして、連載を始める橋渡しをしてくださったＣＤ《クリエイティブディレクター》・澤本嘉光さん。連載当初からずっと担当として不慣れな私をいつもサポートしてくださったＨａｎａｋｏ編集部の小倉久さん、荒川由貴子さん、ＡＤ《アートディレクター》・本多康規さん、田島朗編集長。皆さんが「いけますよ！」と言ってくれたことにどれだけ救われたか。ありがとうございました。そして、沢山の素敵な写真を撮ってくれたもろんのんちゃん。二人だけの撮影いつも楽しかったです。また、テレビ朝日の皆さんにも本当に助けていただきました。いつも原稿をチェックしてくれる広報部・藤井暁さん、アナウンス部・伊井忠義部長。加えて、この本の出版にあたってはビジネスプロデュース局・今井明子さん、世羅瑞穂さんにずっと頼りっきりでした。煩雑な作業や関係各所との調整をテキパ

キと進めるお姉さま方にいつも惚れ惚れしています。皆さんのおかげでここまで来られました。担当番組のスタッフの皆さんも協力してくださって、ありがとうございます。

最後になりましたが、読者の皆さん。ここまでお付き合いいただきましてありがとうございます。皆さんあっての連載であり、この本です。夢を叶えてもらいました。人生捨てたもんじゃないですね。

ここまで来ると私の願いはただひとつです。目指せ、重版出来！

春 PHOTO ALBUM
2019 - 2020
Ayaka Hironaka

→ 2019

2020 — SPRING

夏

PHOTO ALBUM
2019 - 2020
Ayaka Hironaka

→ 2019

2020 — SUMMER

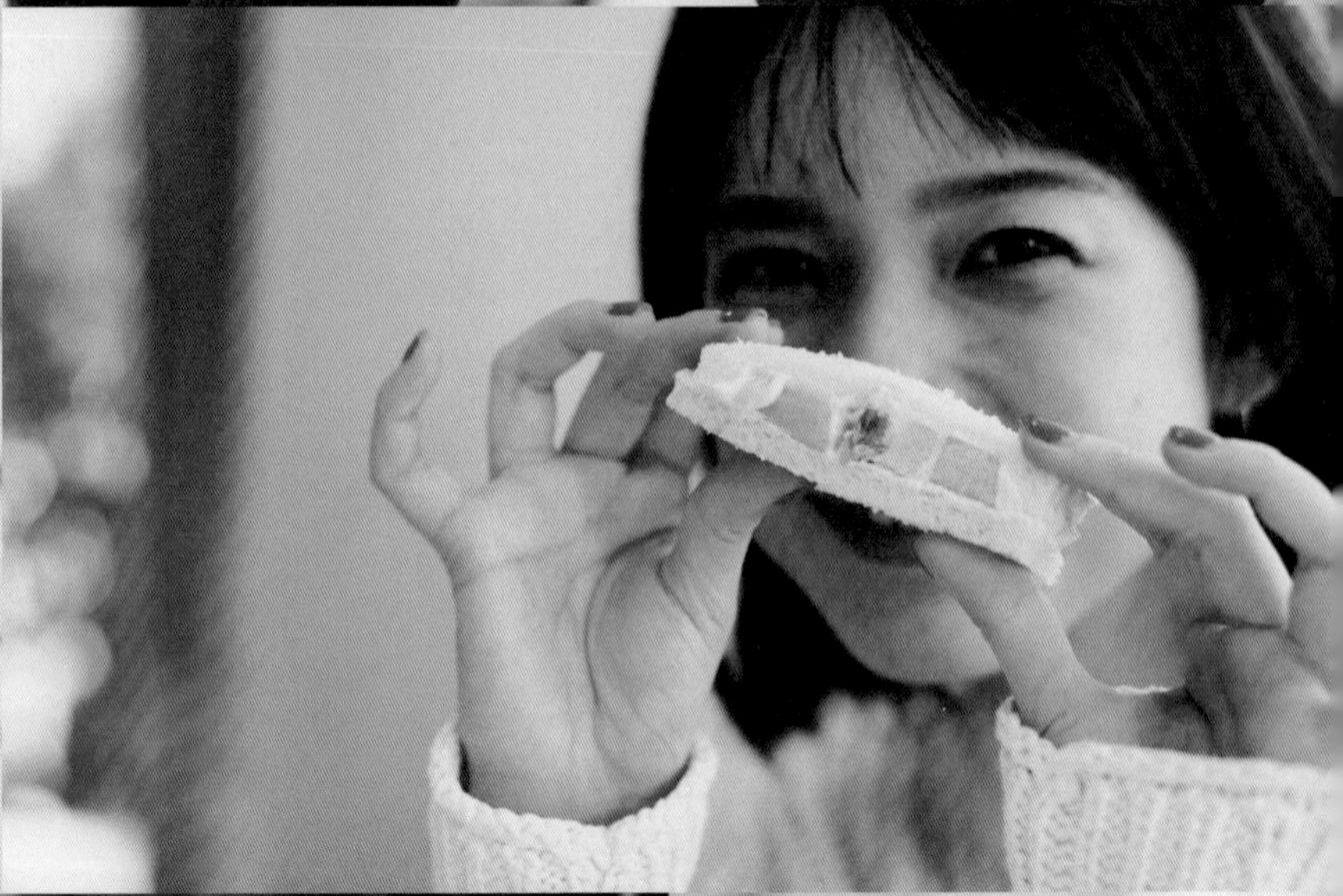

秋

PHOTO ALBUM
2019 - 2020
Ayaka Hironaka

—→ 2019

2020 — AUTUMN

冬

PHOTO ALBUM
2019 - 2020
Ayaka Hironaka

→ 2019

2020 — WINTER

写真 ――――――――― もろんのん
鈴木 新（go relax E more／P.49〜68）
角戸菜摘（P.114〜132）

対談書き起こし――――― 西野入智紗

スタイリング ――――― 細沼ちえ（P.49〜68, P.114〜119［弘中綾香］）
福田幸生（P.126〜131［若林正恭］）

ヘア＆メイク ――――― 木部明美（PEACE MONKEY／P.49〜68）
面下伸一（FACCIA／P.114〜119［林 真理子］）

和装着付け ――――― 望月さおり（P.62〜68）

アートディレクション ―― 本多康規（Cumu）

校正 ――――――――― TSSC

弘中綾香の純度100%

2021年2月12日　第1刷発行
2021年3月12日　第4刷発行

著者　弘中綾香

発行者　鉄尾周一
発行所　株式会社マガジンハウス
〒104-8003
東京都中央区銀座3-13-10
Hanako編集部　☎03-3545-7070
受注センター　☎049-275-1811
印刷・製本　大日本印刷株式会社

ISBN978-4-8387-3142-8　C0095

初出（P.6~47／P.70~109）
『Hanako.tokyo』連載、2019年5月17日〜2020年12月25日
単行本化にあたり一部修正いたしました。

弘中綾香

ひろなか・あやか／テレビ朝日アナウンサー。1991年生まれの入社8年目。夢は革命家。主な担当番組は『激レアさんを連れてきた。』（月曜よる11時15分〜）、『あざとくて何が悪いの？』（土曜よる9時55分〜）、『ノブナカなんなん？』（土曜よる10時25分〜）など。公式インスタグラムはhttps://www.instagram.com/hironaka_ayaka/　※番組の放送時間については、一部地域を除く。